Vosges de mon enfance

GEORGES GARILLON

Vosges
de mon enfance

Préface de Roger Wadier

Gérard Louis
EDITIONS DE L'EST

A mes grands-parents.

Photo de couverture : droits réservés.
Un livre édité par Gérard Louis

ISBN 2-7165-0528-4

Préface

Le chant éternel de l'enfance

par Roger Wadier

Dans le cours de toute existence humaine, l'enfance demeure très souvent le moment privilégié par excellence. Probablement par le fait que plus on s'en éloigne, plus cette séquence de notre vie nous apparaît heureuse, plus on la valorise et plus on a tendance à en parler – à certaines exceptions près – comme d'un paradis définitivement perdu. Ceci n'est certainement pas tout à fait exact dans la mesure où, nous le savons bien, il est dans la nature humaine de vouloir idéaliser le passé. « Autrefois, la vie était bien plus belle... » assure-t'on souvent en maudissant les plaies de la vie moderne : le bruit, la vitesse, l'égoïsme, la solitude... « De mon temps... » ajoute-t-on encore. Et ce « de mon temps » plein de sous-entendus, fait miroiter un univers merveilleux qui n'exista pourtant jamais et dont on oublie trop facilement qu'il eut aussi son lot de misères et de malheurs.

Il n'en reste pas moins vrai que le temps de l'enfance demeure un temps fort de la vie d'un homme ou d'une femme. Car le facteur affectif ne joue pas de la même façon : le vase clos dans lequel se meut l'enfant est un extraordinaire réceptacle sentimental – famille, environnement humain, animal et naturel. L'enfant ne fait pas que découvrir son univers, il l'ap-

préhende avec un pouvoir sensoriel tout neuf, une âme toute vierge et un cœur qui ne demande qu'à s'attacher. Jamais peut-être, dans sa vie – hormis l'expérience amoureuse –, il ne retrouvera des sensations aussi fortes, des enthousiasmes aussi éblouissants.

Qu'on le veuille ou non, l'enfance laisse des traces indélébiles. De grands écrivains l'ont magistralement évoquée, de grands poètes l'ont délicatement magnifiée. Quelques-uns, plus rares, ont voulu l'exorciser en révélant qu'elle fut malheureuse, voire dramatique. D'autres enfin, oubliant que toujours derrière l'homme d'aujourd'hui se profile l'enfant d'hier, ont voulu l'effacer délibérément de leur mémoire.

L'auteur de ce livre, Georges Garillon, ne peut à coup sûr être rangé parmi ces derniers. Je sais, pour être son ami de longue date, que son enfance ne l'a jamais quitté, que pendant toutes ces années passées loin des lieux originels, il l'a conservée au plus profond de lui-même, gravée dans ses moindres détails sur les cordes sensibles de son cœur, qu'elle l'a pétri tout au long de sa vie d'homme de spleen et de ferveur et qu'à l'interrogation passionnée de la poétesse Lucie Delarue-Mardrus : « Et qui donc a jamais guéri de son enfance ?... » (Ferveur), il peut répondre sans hésitation : « Certainement pas moi ! », et qu'il pourrait ajouter, avec George Sand : « Je l'ai passionnément aimé, notre humble et obscur pays, parce qu'il était mon pays et que j'avais reçu de lui l'initiation première. » (Nouvelles Lettres d'un voyageur). *C'est pourquoi il était bien dans l'ordre des choses qu'au moment où commence l'automne de l'existence, au moment où les contingences de la vie active font place à la réflexion, à la méditation, Georges Garillon – qui n'a jamais cessé d'écrire – trempât un beau jour sa plume nostalgique dans l'encrier des souvenirs.*

Ces souvenirs, les voici donc, rassemblés avec bonheur et émotion dans une hottée de récits successifs – presque un roman – qui crépitent à nos oreilles comme la brassée de bois mort jetée sur les âtres mourants d'autrefois. Sous la vigueur retrouvée des flammes, les images naissent, vivent et disparaissent comme pour témoigner d'une époque, d'une vie, d'un milieu, d'un pays. D'une époque charnière, celle du milieu de notre siècle qui vit l'agriculture basculer vers les temps modernes avec toutes ses conséquences, bonnes ou mauvaises ; d'une vie, celle des humbles, des villageois qui s'épaulaient pour partager communautairement les malheurs ou les plaisirs de leur rude existence ; d'un milieu, celui d'un monde rural qui semblait immuable, avec ses règles et ses traditions ; celui d'un pays enfin, la Vôge, qu'on n'aurait garde de confondre avec la montagne vosgienne et qui conserve dans ses grandes forêts et sur ses hauteurs modérées l'empreinte celtique de ses premiers habitants et le souffle créateur de ses verreries d'antan.

De tout cela, Georges Garillon peut parler. Il l'a vécu, absorbé par tous les pores de sa peau, avec toute la frénésie intérieure de ses sens en éveil. Il a été ce petit paysan – qu'il a décidé d'appeler Pierre – « curieux de tout, follement enthousiaste pour tout ce qui touchait à la nature, mais ne le laissant jamais voir... » (Un dimanche chez les Roger) et sur l'enfance duquel, comme une bonne fée, un grand-père qui ressemble un peu à celui de Moselly à Chaudeney, a versé sa bienveillante tendresse jusqu'au moment cruel et fatidique du départ vers le lointain collège, vers l'autre monde, hors des frontières où le bonheur était enclos.

De tout cela, Georges Garillon entend témoigner. La nature l'a doté d'un sens aigu de l'observation et d'une mémoire étonnante qui lui permettent de retracer fidèlement les gestes précis du maréchal-ferrant ou ceux du souffleur de verre. Si bien que son témoignage, comme dans Le Pain au lièvre *de l'écrivain champenois Joseph Cressot, devient alors document. Et ce qui nous semble appartenir désormais au passé ressurgit brusquement avec une vérité émouvante ; les traditions religieuses, les moissons, les scènes de battage, les vendanges, la mort du cochon, la distillation, tout redevient, pour quelques instants, vivant, palpable.*

Oui, de tout cela Georges Garillon aime parler, parce qu'il a la passion de son terroir et qu'avant de passer par sa tête puis par sa main, les choses transitent par son cœur. Les choses ? Je devrais dire son village, son pays. Car c'est toute la Vôge avec ses habitants qu'il peint, sans complaisance malgré l'amour qu'il leur porte : l'Alphonse, le maréchal-ferrant, dont « la paume [des mains] large comme un battoir, était culottée et calleuse comme le fond d'un vieux chaudron. »

De tout cela enfin, parce qu'il est authentiquement – je dirais même viscéralement – poète, Georges Garillon sait parler. Il a le pouvoir des mots rares, le pouvoir de l'imagination, du mystère, en même temps que celui de la description. Ainsi en est-il quand il décrit la vieille salle de classe : « De l'arrière vers le devant, la salle de classe se nuançait de ténèbres et de lumière, comme si elle passait de l'obscurantisme de l'ignorance à l'aurore de la connaissance, comme si elle passait de la nuit boréale à la splendeur éclatante du midi. »

En définitive, on l'aura compris, le talent bien personnel de Georges Garillon tient à une gageure : ne pas ternir le réel tout en le vêtant de merveilleux, ne pas dénaturer le quotidien tout en le peignant avec les yeux du poète. C'est ce talent qui fait de ses récits un reliquaire différent des autres, un reliquaire dense, foisonnant, voluptueux par les mots et émouvant par le fond. Mais au fil de ces pages – et le grand mérite de

Georges Garillon est là aussi –, c'est l'âme d'un terroir et d'une époque que l'on saisit. Et c'est aussi et surtout, à travers l'enfant, l'alliance fondamentale de l'homme et de la nature, qui transparaît admirablement.

Hymne au passé, hymne au terroir, hymne à la nature. Ecoutons pieusement ce triple chant : il est celui, éternel, de toute enfance.

R. W.

Avant-propos

Celui qui va vous raconter la vie pas très lointaine d'un village et d'un terroir veut modestement s'effacer derrière ses personnages et ce pays de la Vôge d'antique mémoire.

Le monde a si vite évolué, si vite changé, les mœurs des gens, leurs métiers, leurs modes de vie, le rythme de leur vie même, se sont si profondément modifiés que leur mentalité et leur sensibilité seraient certainement étrangères et inhabitables, en tout cas déconcertantes, pour leurs ancêtres ayant vécu durant la seconde guerre mondiale et la décade suivante.

J'ai voulu que la trame de chaque récit s'apparente à la trame d'un roman, de telle sorte que chacun d'eux soit comme le chapitre de ce roman mais sans cependant respecter une stricte chronologie. J'ai essayé, en empruntant à l'art du peintre et du musicien, de restituer les couleurs et les musiques de cette nature somptueuse de la Vôge. En même temps, j'ai voulu témoigner de son âpreté, de sa dureté et de sa rigueur, pour les hommes et les femmes voués aux travaux des champs. J'ai décrit mon pays comme un jardin aux saisons idéales : un printemps chatoyant de blés en herbe, un été empourpré de trèfles fleuris, un automne empanaché de fruits d'or, un hiver de lis royaux et d'hermine.

J'ai voulu témoigner de cette culture rurale, partie intégrante de la civilisation française, dont la modicité et l'humilité n'enlevaient en rien à son originalité, à sa diversité, à son foisonnement, à sa profondeur. Cette culture rurale en train d'agoniser sur les pseudo-autels d'une société livrée à la technologie et à la consommation et emportée dans un vertige matérialiste qu'elle a elle-même engendré !

Témoin d'une enfance et d'une adolescence campagnardes d'après-guerre, Pierre est aussi cette construction emblématique, de calcaire et de grès, qui m'a fondé et bâti.

G.G.

Un terroir

Le pays de la Vôge

Pierre vivait en ce pays de la Vôge qui, au sud-ouest de la Lorraine, comme la figuration géomorphologique et mythologique du dieu celtique Vogesus, se tapit d'est en ouest entre le bassin des sources de la Saône et le bassin des sources du Coney. Tel un animal fabuleux, son échine rude et sinueuse dessine au nord l'arête des Monts Faucilles, frontière et ligne de partage des eaux entre la mer du Nord et la Méditerranée.

Son long corps gréseux et calcaire au ventre fourré de forêts sombres et mystérieuses, suintant de sources, de ruisseaux, de rivières, aux côtes crénelées de villages de pierre aux toits rouges, lustré et rongé par les âges, chiffonné de pluies et de vents, brûlé de neiges et de frimas, s'élance vers l'infini bleu des Hautes Vosges, tournant le dos à l'Alsace et à la Franche-Comté.

La Vôge : c'est tout d'abord la forêt archaïque et immémoriale, ce manteau d'arbres multicentenaires, chênaies de rudesse, d'étrangeté et de solitude, hêtraies hautes comme des cathédrales aux voûtes entrelacées de branches, d'où rayonnent des songes de lumière, la forêt moutonnante qui bat encore des signes de l'Histoire, dont les clairières s'ouvrent comme des grèves, aujourd'hui encombrées d'épaves rouillées et corrompues d'usines et de verreries abandonnées ; la forêt celtique qui frissonne encore, comme à l'aube du monde, de la geste druidique et dont les échos vibrent toujours des meurtrissures et des cris des conquêtes ; la forêt gauloise, peuplée de tribus farouches dans le tumulte et la furie de l'invasion romaine ; la forêt pélagienne, remuée de forces et de courants, enchantée de symboles et de signes d'âme, où le monde du réel se perd dans le monde infini de l'imaginaire ; la forêt des légendes et des sortilèges, la forêt des elfes et des fées.

La Vôge : ces maisons jointives de calcaire et de grès, aux pierres blanches, jaunes et roses, dont la rugosité magique semble rappeler les profondeurs telluriques d'où elles ont été arrachées ; ces villages aux portes et aux fenêtres armoriées de jambages et de linteaux strictement taillés, aux volets battus par les vents et les fatalités, filtrant l'opulence éblouissante des soleils ou la pâleur saturnienne des lunes ; ces villages aux toits chevauchés de tuiles rondes, que l'usure des siècles a peintes en un camaïeu de tons rouges, roses et bistre, aux énormes cheminées, dressées vers le ciel comme des campaniles tintant de fumées d'âtre, d'argent et de mélancolie, ces villages rencognés dans le giron de leurs collines pleinement ouvertes sur le midi, flanqués de potagers et coiffés de vergers ; ces villages sensibles encore aux inductions géographiques des paysages alentour, modelés par leurs habitants depuis les antiques défrichements ayant rompu l'hégémonie pesante de la forêt primitive.

La Vôge : une âme sculptée par cette nature puissante et omniprésente, dont les contrastes modérés entre les « pays hauts » et les « basses terres » lui assurent mesure et équilibre, mais dont la vigueur végétative oblige ses habitants à une vigilance et à une opiniâtreté laborieuses de tous les instants ; une âme hantée par les mystères de la forêt, une âme enchantée par l'harmonie des prairies, une âme bercée par le roulis de molles collines, arrondies et généreuses comme poitrine de femme.

La Vôge : ces ciels de nuages opulents et d'océans de turquoise, constamment remués par le désir du large vers l'orient, vers cette ondulation bleue des Vosges ; ces ciels auroraux et crépusculaires, bannières et oriflammes de couleurs, où claquent et flambent de toute éternité les mêmes marques : courage et constance, foi et fidélité, avec cette attention particulière aux signes et aux charmes surgis du corps vivant de la nature.

Le village

Il se dressait, le village de Pierre, tout en haut d'une étroite colline. Rassemblé autour de son antique château et de sa chapelle castrale, il s'échappait et s'épandait vers le midi comme un torrent minéral de pierres et de tuiles ruisselant au long de la pente abrupte, s'ouvrant sur les prairies de fauche barrées de forêts sombres.

Pour Pierre, il semblait venir du plus profond des âges, le village, dont la rusticité lui évoquait cette alliance congénitale des hommes et de la terre, une alliance farouche, implacable et immuable, cette vigilance éternelle des saisons, dont les mécanismes et les fatalités assujettissaient les paysans à leurs lois aveugles. Sans complaisance et sans fioriture, la cérémonie des gestes quotidiens ou des comportements s'accomplissait depuis toujours suivant la nécessité impérieuse de l'univers, qui pesait lourdement sur la liberté des hommes à peine affranchis des contingences géologiques et climatiques. Et cette nécessité commandait leurs actes, dominait leurs mots et leurs paroles, imposait l'austérité, l'indivisibilité et le dépouillement de leur condition, triomphait jusque dans la morne sévérité de leurs vêtements.

Ici, en ce pays de la Vôge, à cause du peu de marge laissée au mensonge et à l'insouciance, par la « force des choses », on sentait graviter la vie des hommes et des bêtes autour d'une même pesanteur, d'une même inertie, d'une même léthargie, comme cette pesanteur, cette inertie, cette léthargie qui gouvernent la course des astres dans le ciel.

S'il y avait quelque chose de tragique et de pitoyable dans la rudesse de cette vie villageoise, s'il y avait des incommodités et des misères, irrémissibles comme le destin, si les tâches matérielles obéraient l'affleurement de la pensée, si la banalité ou la précarité de l'existence empêchait les gens d'avoir une conscience lucide de leur situation humaine, si leur passivité confinait souvent à la résignation, l'intimité native entre cette humanité et le monde élémentaire, comme surgi des premiers âges de la Terre, exerçait sur Pierre un charme puissant et fort, une fascination impétueuse et vitale. Bien qu'il sentît l'ambiguïté angoissante de cet affrontement brutal de l'esprit humain avec l'émergence primitive de la matière à l'état brut, il vouait un amour véritable à ce petit morceau de terre, où vivaient les gens de son village. Et au fil des années, bien qu'il en fût éloigné par ses études, cet amour s'était cristallisé, trempé, embelli autour des images et des sons de son enfance qu'il entretenait en lui comme un rêve et comme une aventure illuminée d'un sentiment incandescent, vertigineux, irréel, d'autant plus intelligible à son esprit et perceptible à ses sens qu'il s'imposait à lui d'emblée, sans motif ni explication.

A chacun de ses retours dans son village natal, quelque chose de mystérieux et de délicieux se déclenchait en lui, qui épousait les tonalités fanées de la nostalgie, un appel brusque et privilégié vers les hommes et les femmes de son pays, qui prenaient formes et corps et qui n'étaient pas moins irréels ni moins étranges que les impressions que ses sens lui dessinaient d'un présent palpable et concret. Avec quelle facilité et quelle délectation les choses se retrouvaient à la même place, à leur place d'habitude, à leur place tutélaire, reformant leur apparence essentielle et convaincante, comme les tours rondes du vieux château dominant le village, que les levers de soleil teintaient d'une lumière rose et dorée. Tout comme il suffisait qu'une étincelle fulgurante s'immobilisât dans les jardins de septembre sur les fleurs disparues pour que resurgissent des limbes du passé les printemps évanouis et leurs exhalaisons.

Pierre pensait que cette somme de souffrance et de bonheur amassée dans les maisons depuis leurs origines ne pouvait pas avoir servi à rien, alors que toutes les choses passées, que tous les événements envolés, que tous les gens morts étaient niés par le temps. Le temps atroce. Le temps avide. Le temps intolérable. Car, Pierre s'interrogeait déjà sur le sens de la vie, sur la consistance de la condition humaine. Même si les gens semblaient vivre à la surface des choses, il se disait qu'une chose faite, qu'un mot prononcé, qu'un sentiment éprouvé avaient déjà eu lieu une fois, comme le geste séculaire de cette lavandière tapant du battoir, comme le cri d'un enfant appelant sa mère, comme l'amour compendieux dans deux regards fiancés. Mais ce qui frappait Pierre, c'était de revoir la mystérieuse et mythique identité de son village livrée à l'indifférence et à la férocité des orties et des ronces, des pluies et des soleils, des gelées et des neiges, des abandons et des délaissements...

Là où jadis les maisons étaient habitées et vivaient dans les mouvements ronds des gens et des bêtes, ce n'était plus que toits écroulés, béants sur des ruines mangées de broussailles et blessées de tuiles, ce n'était plus que façades affalées, que greniers éventrés vomissant un foin filasse et putride, ce n'était plus que cours et venelles ensevelies sous un enchevêtrement d'herbes folles, que treilles stériles et vergers abandonnés dans un entrelacs de branches brisées et une jungle de graminées étouffantes.

Depuis les temps immémoriaux, du matin qui fume rose à l'horizon des forêts jusqu'au soir quand le soleil ensanglante la côte du Haut-de-Forêt, les paysans du village ont accompli, saison après saison, toutes les besognes de la terre. Ils ont remué les limons et les calcaires, les marnes et les glaises ; ils ont épierré les champs du plateau, dessinant le long des parcelles les rubans de lourds mergers devenus buissonniers ; ils ont drainé la prairie, y traçant une stricte géométrie de rigoles ; ils ont défriché, arasé, essarté, fossoyé ; ils ont labouré et versé la glèbe des champs à blé et à betterave ; ils ont planté les vignes et les vergers. Ils ont tiré la pierre calcaire et la « pierre de sable » des carrières pour bâtir leurs maisons : les lieux d'habitation et les lieux pour les bêtes. En bâtissant le village, ils se sont bâtis eux-mêmes. Maillon d'une chaîne multiséculaire poussant sur des racines nourries d'un atavisme foncier qui lui est propre, le paysan est attaché avec force à sa terre par toutes les fibres de sa chair et de son âme. Par l'intermédiaire de l'outil (qu'il soit de bois ou de fer), il communiquait avec sa terre parcourue d'obscurs et puissants courants telluriques, ce qui lui assurait avec elle une intimité physique et quasi charnelle. Labourer en tenant les mancherons de sa charrue, bien qu'il s'agisse là d'une besogne rude et pénible, lui permettait de sentir la terre s'ouvrir et chavirer sous le tranchant du soc, de vibrer et de communier avec elle, comme peut le faire un amant dans le corps de sa maîtresse... La motorisation et la mécanisation d'aujourd'hui ne permettent plus au paysan de connaître cette intimité avec la glèbe ; l'outil mécanique la supprime et la banalise.

Les humbles faits de la vie journalière imprégnaient et modelaient le paysan, mobilisaient sa volonté et activaient ses valeurs morales essentielles : la simplicité, la modestie et l'opiniâtreté. Ainsi se créait dans les familles paysannes une race honnête, courageuse et juste, qui savait, sans se plaindre, supporter les fatalités et les aléas météorologiques.

En ce temps-là, dans ce village éloigné des grandes routes et des métropoles, la vie épousait le cours des saisons. Elle tournait lentement dans la giration solaire des mois qui se succédaient, au rythme invariable des solstices et des équinoxes. Chaque année au printemps, un peu plus tôt ou un peu plus tard, les travaux reprenaient. Cela dépendait du temps qu'il faisait : printemps pluvieux qui pourrissaient les terres et retardaient les labours, étés plus secs qui tarissaient les sources, automnes diluviens qui embourbaient les récoltes de pommes de terre et de betteraves, gelées d'hiver qui brûlaient les blés en herbe et obligeaient à un réensemencement printanier, neiges précoces ou trop abondantes, qui freinaient la fabrique des affouages.

Les gens se déplaçaient peu, dépassant rarement les limites du canton. Il n'y avait pour les hommes que le service militaire pour leur faire connaître d'autres coins de France et leur faire découvrir des villes et rencontrer des citadins. Mais c'était pour eux une autre réalité, dont ils n'avaient cure. Leur réalité était toute autre, d'une autre nature, même si elle était d'un autre siècle, même s'il existait entre eux et ceux des villes un mur d'incompréhension et d'indifférence. Un haut mur. Un mur infranchissable. C'était comme si cet univers des campagnes, empoigné par les fatalités et les traditions, n'était pas éclairé par le même soleil et que ses nuits n'étaient pas fleuries des mêmes étoiles. Ce n'était pas la même façon d'appréhender le monde, ce n'était pas les mêmes intérêts et on semblait ne pas y parler la même langue. Comme si le campagnard, malgré ses dures conditions de vie, voulait conserver pour lui seul les bribes d'un paradis perdu, qui collaient à son cœur comme sa terre aux semelles de ses chaussures. Un paradis d'innocence. Un paradis de solitude. Cela semblait pour l'éternité une incompatibilité congénitale et rédhibitoire.

Pourtant, à bien des signes, Pierre sentait que ce mur de non-recevoir commençait à se craqueler de toutes parts, en raison de la motorisation de plus en plus généralisée qui obligeait les cultivateurs à des relations suivies avec les professionnels des villes, et aussi parce que, de plus en plus, leurs enfants et leurs petits-enfants étudiaient dans les collèges et les lycées, voire dans les universités. Ils en revenaient avec d'autres visions des choses, moins étriquées, moins égoïstes, moins frustes. Déjà deux mondes s'affrontaient, et à l'horizon proche, on sentait monter l'angoisse de douloureux changements. L'avenir ne semblait plus déterminé immuablement : il lui faudrait se renouveler. Pierre ressentait en lui d'une façon aiguë ces mutations en gestation, ces arrachements et ces déracinements qui se préparaient, sourdaient et branlaient sous ses pieds. Chaque fois qu'à la rentrée d'octobre il devait reprendre le chemin du collège, son cœur se serrait et s'assombrissait de chagrin...

Les tâches étaient rigoureusement réparties entre les hommes et les femmes. Si les premiers se vouaient aux gros travaux des champs, les secondes se chargeaient de faire la cuisine et de tenir la maison, aidant cependant à la traite des vaches, ainsi qu'à la fenaison et à la moisson.

En épousant un paysan, elles savaient qu'elles faisaient le deuil de leur jeunesse et pouvaient dire adieu à leurs vingt ans. Engoncées dans des vêtements sombres, elles montraient la même répugnance et la même hostilité à l'égard de tout ce qui venait de l'extérieur, tout ce qui était nouveau ou étranger. Elles ne s'attachaient qu'aux moyens qui leur permettaient de résoudre dans l'immédiat les questions que la vie leur posait.

Elles ramenaient l'essentiel de leur activité et de leurs pensées à leur aspect pratique. Bien qu'elles ne fussent pas moins intelligentes que les autres, elles vivaient dans la hantise du lendemain et avaient une peur panique de manquer d'argent. Ce qui leur faisait souvent, et fort injustement, une réputation d'avarice, alors que ce n'était là que prudence et économie.

Talonnées du matin au soir par des servitudes ménagères, elles portaient gaillardement de nombreux enfants qu'elles livraient au monde hâtivement, entre deux traites, entre deux lessives, entre deux moissons.

Maîtresses exclusives de leur cuisine et de leur fourneau, elles en défendaient acrimonieusement le voisinage. Les plats qu'elles cuisinaient étaient généralement des nourritures modestes, mais qui tenaient au corps et dont la saveur restait toute semblable à celle des mets que fricotaient leurs grand' mères.

Elles régnaient dans leur maison en maîtresses femmes ; au-dehors, elles paraissaient empruntées, vacantes, subalternes. Ignorant jusqu'à l'expression de « vacances » ou de « loisirs », qui seyait mieux aux privilégiés, elles n'avaient pas même de « moment à soi ». Dès lors que la vie ne recouvrait pas une besogne ouvrière, elle leur semblait saugrenue, inutile, voire fautive.

Si d'aucunes cédaient à la fascination de la grâce et de la beauté, qui se manifestaient dans les soins de leur corps et dans le choix de leurs toilettes, elles restaient l'exception. Pour la majorité, la grâce et la beauté n'étaient que frivolité, futilité, légèreté qu'elles regardaient comme faribole et temps perdu. Leur vie de paysanne passait ainsi sans transition d'une adolescence flétrie prématurément, comme volée par les travaux d'une terre exigeante, à une austérité et à une roideur qui excluaient toute fraîcheur et tout attendrissement.

Sur le tard, quand elles ne pouvaient plus travailler, on les confinait dans un coin, où elles ne prenaient pas plus de place qu'un vase de nuit ; elles s'étaient d'ailleurs rabougries, rapetissées, affaissées. Leur peau s'était craquelée et parcheminée, jusqu'à coller au squelette. Elles n'étaient plus qu'une petite chose, qu'un léger paquet d'ossements lorsqu'elles quittaient leur maison sans faire de bruit, entre quatre ais de chêne, avant d'être ensevelies dans un trou noir du cimetière.

A la veille de ce 1er octobre, Pierre était monté sur la crête de la colline, au-dessus de la vigne du grand-père. C'était là un belvédère privilégié, d'où il contemplait les paysages qui formaient le monde de son enfance, le monde visible, le monde sensible, le monde lisse et encerclé de ciel.

Il s'était assis sur une grosse pierre noire qui saillait en bordure d'une haie. Le soir tombait dans un silence blanc et phosphorescent. Autour de lui, un royaume d'arbres et de feuillages, d'eaux libres, d'échos dénoués que ventilait un ciel bleu transparent, voilé de quelques nuées, appareillant pour la grande traversée.

Les dernières chaleurs d'un automne bienveillant se déversaient à travers le village, suaves et moelleuses, enveloppaient les jardins et montaient jusqu'à lui par les allées de la vigne, où s'empourpraient les lourdes grappes aux gros grains ronds gorgés de suc. Cette tiédeur de fin de jour le pénétrait. Il avait l'impression de n'avoir jamais quitté cet endroit, en même temps qu'il souhaitait au plus profond de lui ne jamais devoir s'en éloigner. Il sentait comme une jeunesse nouvelle appelée par ce ciel immense, béant sur le monde entier, loisible à toutes les promesses : torpeurs troublantes, sensuelles, dans l'agonie rauque de cet après-midi, comme si l'arôme âcre et tiède des cenelles de la haie promettait la refloraison d'une aventure vouée à la solitude et à une vaine expectative. Rassemblé dans la pénombre envahissante, Pierre se remémorait les paysages, les aurores, les murmures, les souffles, les odeurs de sa campagne, avec cette irrévocable certitude de la prééminence de la nature et de l'expérience sur la théorie et la pensée. Tous ses sens vibraient de ce pays dessiné à ses dimensions, cette modeste houle de collines caressées et mesurées par une enfance sédentaire.

Soudain, trois longs coups espacés tombèrent du clocher de l'église, trois coups d'une sérénité d'éternité, comme la sérénité des crépuscules millénaires. Puis un silence, ramenant dans l'air tout tremblant encore un calme relatif. Prélude à la grande envolée de l'angélus du soir, la cloche égrena à nouveau ses trois lentes syllabes d'airain, ses trois ébranlements intemporels, comme liés aux paysages immortels qui moutonnaient dans une brume de nuit tout autour de l'adolescent que cette brusque débâcle de sons avait fait sursauter...

Son envoûtement se dissipa et il vit à ses pieds de petites lampes jaunes s'allumer, puis il entendit s'entrechoquer et tinter clairement les premiers bidons qu'on emplissait de lait. Il se bougea, puis se leva. A grandes enjambées, il traversa la vigne où les feuilles à la surface des rangées frissonnaient, doucement émouvantes, frôlées par la fuite sempiternelle de l'air.

Il marcha sans envie ni courage vers la sécheresse et les délices de ses livres et de ses cahiers qui l'attendaient, aubes de la connaissance, dans les ténèbres de son profond cartable de cuir.

Des rues et des maisons

Quand Pierre était loin de son pays, il lui arrivait de vivre un rêve assez étrange, à la fois compact et volatil, où il s'ensevelissait entièrement et délicieusement, dans la fuite éthérée des heures intérieures.

Dans une puissante fixation émotive, une sorte d'incantation s'installait en lui, surdominant d'impressions et d'images véritablement ressenties et vécues la morne terreur et la fureur de bruits de la réalité, et qui se quintessenciaient en de fulgurantes correspondances entre le monde extérieur et ce « double jeu de glaces » de l'univers intérieur.

Il se voyait couché sur le dos à l'emplacement de son village, ses jambes et ses bras écartés épousant le tracé des rues principales, sa tête reposant au lieu de l'école communale. Dans ces moments d'extase intense et d'opulente exaltation, son corps pesait tout son poids minéral de pierres, de moellons et de tuiles, se craquelait comme la chaux cariée des façades, s'étoilait de gemmes et de salpêtre comme ces calcaires celtiques au mitan des murs, s'enchevêtrait, s'enracinait dans cette terre clapotant d'infini et d'éternité, cette terre rongée de pluies et de vents, imbue d'érosions et de saisons, écrasée de soleils et de neiges, respirant d'une rumeur de brisants, d'un froissement de vagues, hantée encore de la forêt primitive, dont elle interrogeait au loin la fuite sur les horizons.

Ses jambes, multipliées et plus longues qu'au naturel, s'allongeaient démesurément, afin de suivre la descente vertigineuse de la rue de la Tenaille, qui se prolongeait en oblique le long de son membre droit par la rue de la Voye vers Provenchères, La Fontaine le Loup, les Noires-Terres, tandis que sa jambe gauche s'étirait dans la rue de la Tuilerie vers les Pâquis, les prairies de fauche, la ferme des Granges et l'antique forêt de Bonneval.

Ses bras écartelés en tenaille embrassaient les épaules de la colline ; son bras gauche escaladait la rue du Château ; à son extrémité, son poing fermé tenait prisonnières l'imposante forteresse, sa chapelle et ses dépendances de fermes s'égrenant vers le chemin de Thuillières ; son bras droit se raidissait dans la rue Neuve vers Lignéville ; sa main s'ouvrait, libre et vacante, vers la sente des Vignes, le chemin de Dombrot et le plateau montueux et bigarré des champs cultivés.

Sa tête bourdonnait d'une volière d'enfants, qui ânonnaient inlassablement les rudiments du savoir sous le plafond lambrissé de la petite école, où l'écho de ses balbutiements d'écolier studieux et sage lui délivrait la déchirante nostalgie d'un passé révolu, comme l'odeur subtile d'un encens, lui remémorait la fascinante précarité des souvenirs, la promesse troublante et embaumée d'un destin endormi dans le jardin des fleurs intimes, la résonance dans un ciel sans nuage d'une matinée douce croisant au ralenti le long d'un mur, dans le grésillement dru et vivant de la rêverie, où fumait le soleil.

Ses cheveux frisés se perdaient dans les haies et les épiniers qui s'étageaient allégrement derrière l'école, se mêlaient aux décombres de vieux murs, où rampaient et sinuaient ronces et clématites, respiraient à ras de terre une écume vénéneuse de mousses et de lichens, s'enroulaient comme un lierre d'orgueil autour des troncs craquelés de frênes immenses jusqu'à leur sommet ondulant de vent et de soleil. Des bouquets d'orties y grésillaient, parmi le grouillement des insectes dans l'obscurité et le ruissellement de champignons et de bois pourri le long des tresses blettes d'humidité et corrompues de putridité, coulées de mercure vivant, qui exhalaient une brume d'arômes violets, acides, gras, et la fumée embuée, transparente, agile, d'une forêt étincelante de verdeur et de sève oniriques. Dans la lumière dense du crépuscule ou les battements clairs d'une averse nocturne, la chevelure de Pierre dessinait au sépia, contre l'azur uniforme du ciel, des boucles, des papillotes, des crinières que la clarté morte du soir ou le cri d'or de l'aurore dissipait au-dessus de la colline nostalgique épuisée de rougeurs et de brouillards.

La poitrine de Pierre, bouclier de nudité candide, clairière d'innocence où battait le cœur même du village, était éclaboussée par la stimulante et braillarde horde des récréations crachant ses cris attisés de sang, martelant ses courses limpides de cliquètements et de roulements que produisait la sarabande des souliers ferrés ou des sabots de bois. Son échine, coulée le long de la rue pentue, tressautait et vibrait au passage des lourds chariots de foin, de fumier ou de bois, dont les épais bandages de fer écrasaient le lisse asphalte criblé d'anthracite et de rose. Dans la moelle même de ses os, il se sentait pénétré par tous les bruits émanant du village, par les battements clairs d'une enclume ou le grincement chuintant d'un essieu, par la rumeur paisible des étables ou la respiration intime des alcôves, par les matins confus et cristallins des basses-cours ou les froissements bleutés du vent dans la feuillée des arbres. Aussi les narines de Pierre, plongées violemment dans une disponibilité empressée, s'emplissaient et s'illuminaient d'odeurs élémentaires qui montaient au soleil, aussi drues et aussi vivaces qu'un incendie de roses rouges dans la bouche capiteuse de juin, odeurs troubles et troublantes qui se substituaient à des suavités nostalgiques délivrées dans le frêle tremblement des souvenirs : fumées âcres des premiers feux de bois sur le village encore engourdi, issant des limbes jaunâtres de l'aube, où filait la trame des heures lentes ; arômes impérieux, insolents d'acidité et de fétidité des fumiers, que des bras économes brouettaient dans un couinement obsédant ; remugles lourds, suffocants, rustiques des pelages bovins, corrompus de bouse et de paille souillée ; bouffées caressantes de fenil et de pain défourné ; parfums ouatés, mêlés de fragrances délicates des jardins de roses et de lilas.

Au bas du ventre de l'adolescent, par la gueule arrondie d'un luisant robinet à « tête de bélier », jaillissaient les eaux jaculatoires d'une source, captée dans les entrailles de la côte des Vignes et soumise à un cheminement souterrain dans des conduites de terre cuite. Ces eaux, qui jasaient matin et soir, été comme hiver, se déversaient dans la triade traditionnelle d'une quadrangulaire fontaine de grès : abreuvoir, lavoir, rinçoir. Pierre ressentait dans ses veines le chant et la fraîcheur vive de ces eaux que l'homme avait arrachées de force à leur cachette secrète, mais qui sacralisaient cette alliance harmonique entre la terre et le ciel, entre les sources et les nuages. Ces eaux qui avaient en elles quelque chose de céleste et d'ailé, qui fleurissaient les prairies de violettes et de primevères, engraissaient les lourdes graminées laitières aux fibres suaves et craquantes, assuraient la généreuse fertilité des céréales et des plantes potagères, étanchaient la soif vitale des gens et des bêtes, alimentaient vaisselles et lessives, empanachées d'arabesques, de boucles, de remous, d'écumes, de gouttelettes, de bouillons, de rosées, ces eaux éoliennes, partout suintant dans le cœur et la chair du village, étaient la musique et la poésie, l'écriture et la muse de ces heures collées sur les vitres du ciel, qui glissaient à l'intérieur des jours ensevelis sous l'écorce du temps, où sautillaient les oiseaux.

Et les soleils de l'été y peignaient des aurores boréales. Et le feu glacial de l'hiver y figeait des éphémères silences de cristal.

Et les poches de Pierre se gonflaient de faînes et de glands, de noix et de noisettes, de pommes et de poires, tous fruits de maraudage, qu'il avait chapardés dans les bois et les vergers forains.

A sa boutonnière se pavanait l'orgueil écarlate d'une énorme pivoine.

Quand la rosée de l'aube gouttait dans la campagne ensommeillée, les sabots de Pierre, les lourds sabots de hêtre, bridés de cuir et ferrés de neuf, frémissaient de remous cristallins : débouchant des taillis sombres des Noires Terres, guilleret et jovial, le ruisseau y coulait, y gambadait, y cascadait dans les tourbillons d'un courant d'une fluidité froide et poreuse, brodant des festons d'écume sur les galets polis des orteils, plaquant aux rives de bois verni un charroi liquide, une brume légère et vaporeuse, qui s'élevait dans l'entrelacs rameux des saules et des vernes. Et il marchait, et il piaffait, et il barbotait, Pierre, avec ses sabots dans l'onde sonore, remontant vers l'amont baptismal, parmi les eaux remuantes et les pierres immergées, sentant sur ses chevilles les frôlements glacés des truites au dos d'un vert doré, aux flancs moirés de corail, aux nageoires enluminées d'incarnat et de rouge vineux, tout le corps piqueté de petits pois vermillon. Bousculant et renversant les blocs de grès dans leur course folle, les sabots faisaient s'enfuir les baveux chabots macrocéphales et clapper les écrevisses cuirassées qui battaient en retraite à reculons.

Quelquefois, quand le soir touchait à sa fin et que l'air immobile frémissait sur la prairie aqueuse, les pieds de Pierre dans ses sabots méditatifs se posaient dans la fraîcheur des eaux vives, seuls dans le cristal bouillonnant, seuls dans cet univers limpide, enroulé dans une floraison d'herbes et d'arbres.

C'est alors que le murmure de l'eau glissante faisait doucement se déhancher les humbles barques de bois bondées de terre argileuse, d'où saillaient en touches complémentaires l'or safrané des calthas et les regards d'azur pointillés de rose des myosotis.

Ainsi, des pieds de Pierre, par l'aubier de ses sabots, remontaient spontanément jusqu'à son cœur d'arbre, cerné de force et de tendresse, les parfums et les couleurs, les fulgurances et les ombres, les silences et les musiques de la terre enchantée de son pays, dans un tournoiement de poussières ineffables.

Graciles et farouches, les yeux de Pierre s'arquaient sous le poids d'épis effilés, comme d'étranges corolles d'une tendre teinte de serpentine, niellée d'ondes fauves et violettes, s'agrandissaient suavement jusqu'à l'étourdissement, s'évanouissaient et se vitrifiaient dans les hautes fenêtres de la petite école, où tous les ciels de son pays se baignaient et s'incrustaient.

Dans ces miroirs de verre, Pierre se voyait descendre dans les crépuscules et s'éteindre comme à regret dans la clarté rasante du soleil, qui échancrait d'or pâle le pavois du firmament assombri, tandis que les derniers bouquets de nuées bleutées se fondaient dans le puits pourpre et mauve de l'occident et que les derniers tintements de l'angélus se perdaient dans le soir endeuillé de grisaille.

Dans ces vitraux de la classe sanctuaire, bien au-dessus des autels des pupitres, Pierre lisait dans le regard des cieux le cours sacré des saisons, ces cieux qui s'étendaient au-dessus de sa tête comme un immense dais changeant et mobile, couronné de nuages et festonné d'oiseaux.

Plongeaient, avec la lente giration des heures, pareilles à des ailes d'or, les pleines clartés des après-midi ou les rayons obliques du soir ; s'adoucissaient les lumières fraîches des matins printaniers ou les incandescences épanouies des étés ; se dévoilaient les clairs-obscurs satinés des automnes vacillants ou les lueurs blafardes des hivers diaphanes.

Les ciels, dans les vitres magiques, luisantes de pluies ou heurtées de vents, poudrées de poussière ou damasquinées de givre, faisaient une voûte impressionnante, où Pierre voyait se former les constellations des nuages, leurs ondulations avides et opulentes, frangées de sommets et de crêtes de gris, saupoudrées de blanc, que les chaleurs précoces du soleil renouvelaient chaque printemps et rallumaient dans la fournaise d'une lumière crue et vorace.

Dans un enchevêtrement de collines cendrées, de crêts d'un jaune cuivré, de roches rondes plombées d'ardoise et d'anthracite, de clairières attouchées de bleu tendre aux contours éblouissant d'or, une toiture de nuées monstrueuses rôdait très bas, comme cimentée avec la terre, et couvait l'impatience lourde et fébrile d'une journée d'orage.

Mais sur la fin de son rêve, la conscience de Pierre, fluide et cristalline, était mouillée d'une odeur de verdure, s'imprégnait du côté où les ombres s'allongent d'une émanation minérale et cosmique, qui se distinguait de cette participation matérielle à l'heure tardive, de ce serein mélancolique où l'œil reste transparent, suintait des profondeurs de la terre ; une rumeur d'étoiles mortes envahissait ses fonds, s'allongeait sur ses prairies, enveloppait ses jardins entrebâillés de fleurs, circulait le long de ses allées promises à une libre nostalgie ; une clarté léthargique, comme un songe évanoui, se dissipait dans une obscurité subtile, silencieuse et vide, enclose dans sa crypte immense, où l'épaisseur de la parole se délitait et se tarissait.

Mais sur la fin de son rêve, le corps de Pierre s'anuitait, se fondait dans le noir et le vide ; peu à peu, dans la délectation d'une ivresse physique, il s'enlisait dans la matière du village, s'y enfouissait, s'y mêlait ; une lumière chaude l'éclairait du dedans, comme à l'intérieur d'une pièce obscure, une énergie, une phosphorescence qui rayonnaient de la terre, qui l'absorbaient et le dissolvaient.

C'était comme si le premier instant de sa vie s'y blottissait, comme s'il retrouvait le cocon fœtal, avec un renoncement paisible et un soulagement invincible d'être délivré du poids horrible de l'existence.

Alors, toute notion d'espace et de durée étant abolie, il sentait couler dans ses veines et ses artères les eaux et les sucs de la terre natale et sa tête bourdonnait délicieusement d'une enfance buissonnière.

L'école

La petite école communale, où Pierre apprit à lire, à écrire et à compter, faisait partie intégrante de la haute bâtisse qui abritait également la mairie. Elle se dressait au cœur même du village, au carrefour des trois rues principales, qui se rejoignaient en haut de cette côte abrupte pour former un vaste espace ouvert au midi, sur un horizon de prairies et de forêts bleues, où commençait le ciel.

Sa façade décrépie, grisâtre, laissant apparaître, là où une réfection avait eu lieu, la dureté de moellons de grès jointoyés de ciment rose, donnait une impression de grisaille et de tristesse, comme si les pluies et les soleils, depuis des lustres et des lustres, l'avaient corrompue et consumée. Aucune inscription ne figurait au fronton de la porte d'entrée. On pouvait deviner sa fonction d'école par ses hautes fenêtres sans volets qui la distinguaient des autres maisons du village.

Un vieil escalier à rampe de fer, très large, aux marches de pierre grise creusée par les ans, accostant le mur de façade, menait à un perron spacieux servant la massive porte en bois de l'entrée et débouchant sur la grande cour découverte, qui s'étendait en contre-haut de la rue, lieu des cris et des jeux des récréations.

Quand on poussait la lourde porte de chêne qui grinçait sur ses gonds, on entrait dans un obscur vestibule au sol cimenté, percé au fond d'une porte étroite sommée d'une imposte vitrée qui conduisait aux cabinets. Ce vestibule servait de vestiaire : une ligne de patères de bois verni permettait aux écoliers d'y suspendre leurs vêtements et leurs coiffures. En dessous s'alignaient bruyamment les rustiques sabots de hêtre. Une étiquette collée sur chaque patère indiquait l'emplacement strict de chacun. Par temps de pluie ou de grand froid, le vestibule servait aussi de préau, où se déchaînaient les récréations, ainsi que de plateau de gymnastique.

Sur la droite, on trouvait le haut et profond bûcher, où s'empilaient pour l'hiver les bûches de rondin et de quartier ; à la saison mauvaise, un groupe d'écoliers alimentait quotidiennement le fourneau de la salle de classe. Du même côté, un escalier de bois à la rampe luisante, aux marches frustes et chuintantes, desservait l'étage, où s'ordonnait l'appartement du maître et le local de la mairie. En dessous, un débarras aveugle, fermé d'une porte pleine, servait de rangement pour les ustensiles de la femme de ménage. Mais il servait aussi, à l'occasion, de cachot ! C'était alors pour les punis l'antre des ténèbres et des peurs enfantines, le royaume effrayant des araignées, des blattes et des cloportes, où les plus tendres et les plus sensibles frissonnaient d'épouvante et d'effroi. Les plus grands, ou les plus habitués, ne s'inquiétaient plus de l'épaisse obscurité du cachot ni du grouillement invisible de créatures terrifiantes ; ils s'en accommodaient fièrement et, pour passer le temps, d'aucuns lisaient de vieux journaux qui s'y trouvaient ou de vieux livres dépareillés de la « Bibliothèque rose », à plat ventre derrière la porte, sous laquelle passait un pâle filet de lumière.

Parquetée et lambrissée, la salle de classe était haute et vaste. Elle était éclairée sur la rue et à l'opposé par de grandes fenêtres bordées de larges tablettes de bois. Si les baies immenses faisaient entrer à flots la lumière côté rue, elles étaient placées si haut qu'elles ne laissaient voir que le ciel ; ainsi, les écoliers ne pouvaient être distraits par la vie, les mouvements et l'agitation du village. Quant aux fenêtres donnant sur l'arrière, elles ne diffusaient qu'une faible clarté, en raison de la masse abrupte et sombre de la colline complantée de taillis et de broussailles, qui coupait le jour et masquait le ciel. Ainsi, de l'arrière vers le devant, la salle de classe se nuançait de ténèbres et de lumière, comme si elle passait de l'obscurantisme de l'ignorance à l'aurore de la connaissance, comme si elle passait de la nuit boréale à la splendeur éclatante du midi.

Le bureau magistral trônait, austère et majestueux, sur une vaste estrade de bois râpé, dont les fibres s'effilochaient aux angles arrondis de ses marches latérales.

Sur le mur de droite en entrant, figé là comme un grand rectangle de nuit, méditait le grave tableau noir. Dans l'angle gauche, un tableau mobile sur pied. Dans l'angle droit, une bibliothèque aux portes vitrées, dont le bois patiné, couleur acajou, rutilait de cire bien astiquée. Au travers des vitres, on apercevait, outre les livres de classe traditionnels, une collection d'ouvrages de la Bibliothèque verte, ainsi que les petits formats tout chiffonnés de la Bibliothèque rose.

Des plus petits aux plus grands, de l'arrière de la classe vers la rue, de l'obscurité vers la lumière, de l'ignorance vers le savoir, les vieux bancs de bois aux pupitres lustrés, tachés d'encre et sculptés d'inscriptions enfantines, s'alignaient en rangs de bataille. Chaque pupitre était percé d'une alvéole que remplissait un encrier de céramique blanche, dont la couronne s'évasait comme la corolle d'une fleur. Et chaque encrier était rempli de cette encre violette, de ce nectar fécond et mystérieux au parfum enivrant, qui fabriquait le miel de l'instruction. Le sillon d'une profonde rainure labourait la glèbe des pupitres, où se recueillaient, dans l'attente d'une germination, les crayons à mine de graphite et les porte-plumes aux socs joliment écussonnés de plumes Sergent Major ou Baignol & Farjon.

Sous les hautes fenêtres donnant sur l'arrière, étaient accrochées les cartes de géographie.

Encerclé par un solide grillage de protection, en plein milieu de la salle de classe, se dressait l'énorme fourneau cylindrique de fonte argentée, qui ronflait en hiver comme un feu de forge et se colorait de belles teintes pivoine lorsqu'il s'emballait.

C'était dans cette humble pièce que, le 1er octobre suivant ses quatre ans, Pierre avait fait, timide et sans gloire, son entrée. C'était en pleurant à chaudes larmes, lâchement abandonné par la main rassurante de sa mère, qu'il y avait pénétré pour la première fois, cajolé et sermonné à la fois par Madame Mathieu, sa prime maîtresse qui l'appelait « mon petit lapin gris » ou « mon petit lapin noir », selon la couleur de sa blouse.

Très vite, Pierre se fit à sa condition d'écolier et, très vite, il apprit à lire, à écrire et à compter (à l'aide de bûchettes d'épicéa que lui fabriquait le grand-père et qu'il fagotait par paquets de dix, enlacés d'un élastique de caoutchouc). Au bout d'un an, il déchiffrait son premier livre de lecture et, un soir après la classe, Madame Mathieu chargea un grand, le Pierrot Dufays, d'une mission de confiance. Ce soir-là, il raccompagna Pierre jusqu'à la maison où, devant sa mère et ses grands-parents, il le fit lire plusieurs pages de son livre de lecture que la maîtresse lui avait remis. Et sa famille ne fut pas peu fière qu'il sache lire aussi bien après si peu de temps d'école ! Pour remercier l'institutrice de son efficace enseignement, mais aussi par gratitude pour sa patience à toute épreuve et pour sa gentillesse infinie avec les petits, la grand' mère demanda au Pierrot de l'attendre. Elle se rendit dans le clapier, où elle choisit le lapin le plus gras qu'elle tua, dépouilla et vida sur-le-champ. Puis, de retour à la maison, après l'avoir emballé dans un torchon propre et avoir mis le sang recueilli dans un pot de camp, elle dit au Pierrot : « Vas porter ce lapin à Madame Mathieu ; dis-lui que c'est pour la remercier d'avoir si bien appris à lire à not' Pierre... » Et le Pierrot s'exécuta, laissant entre les mains du gamin, tout rouge de contentement, le livre sacré, où les signes de l'alphabet s'accordaient pour produire des sons, des mots, des phrases qui désignaient les êtres et les choses qu'il voyait et sentait vivre autour de lui. Ce livre lui donnait la clef de la nature qu'il découvrait chaque jour comme un petit animal, ce monde d'arbres, d'herbes, de fleurs, de papillons, de coccinelles, de hannetons, ce monde de ciels, de pluies et de neiges, ce monde de vaches et de chevaux, de poules et de lapins, ce monde de paysans et de manœuvres, ce monde de forgerons et de bûcherons, ce monde qui s'ouvrait devant lui, ce monde que sa maîtresse créait sous ses yeux au tableau noir, y animant des créatures et des paysages.

Avec quelques bâtons de craie, des blancs, des rouges, des verts, des bleus, elle lui révélait l'art du dessin et son pouvoir incantatoire et magique. Tenant gracieusement la baguette de fée entre ses doigts potelés (car Madame Mathieu était une belle femme brune aux formes généreuses), elle dessinait sur le tableau enchanté les vagues bleues de la mer, la torchère verte d'un arbre, la flamme rouge d'une rose ou la silhouette hiératique d'un chat noir, le dos tourné, avec la pointe aiguë de ses oreilles, le frémissement de ses moustaches et le mol arrondi de sa queue, soulignés et emprisonnés par le trait immaculé d'une craie de velours.

Pierre était ravi de voir naître sur le tableau noir le chef-d'œuvre de poussière, qu'il savait fragile et éphémère, car promis au banal et cruel effacement d'un coup de chiffon. Aussi charmé et envoûté qu'il fût, il était triste et contrit d'éprouver son impuissance de gosse à ne pouvoir sauver ce chef-d'œuvre qu'il eût voulu emporter avec lui pour ensorceler ses rêves, sachant que, désespérément, il ne pouvait, malgré son active dévotion, lui assurer l'immortalité. A défaut de pouvoir empêcher qu'il s'effaçât à jamais, il le noyait dans la frémissante fluidité de sa mémoire.

Plus tard, quand il eut ses sept ans, Pierre changea d'institutrice. Madame Kubler remplaça Madame Mathieu. Grande femme aux cheveux bruns, au corps sec et musclé, elle n'avait pas la douce fermeté de celle qui l'avait précédée et dirigeait sa classe avec une pesante rigueur et une stricte énergie. Elle était sévère mais juste, économe mais efficace. C'est elle qui initia Pierre à la musique et lui révéla cet art si pur et si subtil, si proche de son âme où déjà il entendait vibrer les chants polyphoniques de la nature, qui le pénétraient jusqu'à la moelle des os et le transportaient dans un univers archangélique et céleste. Bien que cette initiation se bornât en un apprentissage élémentaire du solfège et du pipeau, toute sa vie Pierre ne devait oublier cette tendresse et cette dilection pour la musique nées dans sa prime enfance.

Sauf pendant les vacances, durant des années et des années, quatre fois par jour, qu'il pleuve, qu'il vente, qu'il neige, que le soleil ou la bise brûle les visages, Pierre chemina de la maison à l'école et de l'école à la maison. La rue Neuve qu'il empruntait n'était encore qu'une sente agreste, aux rives de laquelle les maisons se dressaient, de proche en proche, laissant voir dans les intervalles les haies et les jardins, les buissons et les fossés, les vergers et les pâtures, où Pierre suivait avec curiosité et ravissement la métamorphose des saisons. Là, au printemps, cette aubépine en fleurs ; ici, dans ce jardin touffu le chant d'un rossignol de mai ; là-bas, dans les vergers dépouillés de l'automne, le tia-tia rauque d'une grive ; et partout en hiver, sur la nature endormie, dans le silence obsédant de janvier, cette ondoyante chape d'hermine d'une neige fantasmagorique. Il n'y avait pas d'endroits qu'il ne connût de mémoire le long de son chemin d'écolier : le fond obscur d'un fossé où brasillaient les orties, recélant des trésors d'objets hétéroclites ; une palissade à claire-voie, qui s'ouvrait comme une fenêtre sur un jardin de pivoines, de roses ou de lilas ; ce passage secret à l'angle d'une haie, où se coulait la fouine à la fourrure flambée de roux ; ce perré[1] croulant où, en mars, pelotonnées dans leurs nids d'herbes roussies, brûlaient des aubes de violettes, où en juin, le lézard gris se chauffait au soleil.

Toutes ces maisons, qu'il côtoyait jour après jour, lui étaient aussi familières que les paysages du chemin, tout comme les fenêtres de ces maisons, dont les vitres étaient comme des miroirs qui lui renvoyaient les images de ses rêves. Et tous ces gens du village qu'il rencontrait, tous ces visages, tous ces regards, tous ces gestes, tous ces bonjours, tous ces bonsoirs, il les retrouvait familièrement dans ses rêves. Ils habitaient sa mémoire tels quels, comme si le temps qui passait et poursuivait le destin s'était arrêté pour l'éternité, figeant à jamais des impressions lointaines et d'habitude.

L'école ouvrait et découvrait aux yeux surpris et éblouis du petit campagnard ce monde humain de l'enfance, ce monde

---

1. Perré: revêtement en pierres sèches sur un talus pour maintenir la terre

vrai, ce monde vivant, avec ses rires et ses pleurs, ses joies et ses chagrins, ses amours et ses haines, ses tendresses et ses cruautés. Tout ce qui dans un cœur doux et une âme sensible pouvait paraître mince et puéril pour des grandes personnes. En même temps que Pierre apprenait les rudiments du savoir, il s'imprégnait d'une discipline et d'une rigueur exemplaires que lui inculquait sans tendresse cette personne à la fois admirée et redoutée qu'était la maîtresse. C'est qu'à cette époque, la méthode était rude, qui s'autorisait encore le droit de correction corporelle : le piquet les mains croisées dans le dos, l'agenouillement prolongé sur l'estrade de la maîtresse, les coups de règle sur le bout des doigts groupés sans oublier les gifles et les mornifles, ainsi que le tirage des cheveux et des oreilles ! L'enseignant bénéficiait alors tacitement d'une délégation de l'autorité parentale, qui justifiait et légitimait ses sanctions.

L'enseignement lui-même était raide, formel, imperturbable. L'orthographe comme l'arithmétique, la grammaire comme la récitation, l'histoire comme la géographie, s'enseignaient par une méthode simple et apparemment efficace : le rabâchage et le « par cœur ». Pierre ânonnait aussi bien ses tables de multiplication qu'il débitait les grandes dates de l'histoire de France. Il déclamait avec le même automatisme une fable de La Fontaine qu'il psalmodiait les chefs-lieux et les sous-préfectures des départements métropolitains.

Cette méthode participait d'un certain abrutissement et faisait fi de la liberté et de la dignité de l'élève. Mais pour rude et brutale qu'elle fût, elle reposait sur un acte de foi et sur un postulat : la stabilité et l'immuabilité du monde, assis dans ses racines et assuré dans son avenir et puis le monde était assez solide, suffisamment nuancé et divers, pour se perpétuer sans ébranler ses bases.

Pourtant, malgré cette rigueur, cette aridité, cette rudesse, Pierre se sentait incliné par un sentiment étrange d'admiration et de reconnaissance vers une participation plénière avec ses maîtres – participation à la fois charnelle et spirituelle –, vers une tendresse et un amour qui l'imprégnaient à son insu et l'enveloppaient d'une atmosphère sereine et vigilante, dans laquelle il avait le sentiment d'appartenir à sa petite école, à son quartier, à son village, et, par de plus mystérieuses correspondances, à son pays, qu'il découvrait sur les cartes murales de sa classe.

Mais il fallait reconnaître que cette rigueur, que d'aucuns pouvaient juger excessive et inadaptée, s'accompagnait de signes d'urbanité et de politesse qui en adoucissaient les effets. L'éducation dispensée alors était particulièrement soucieuse des égards, des soins et de l'obligeance que tout un chacun devait à ses semblables.

Empêtré dans sa blouse grise qui sentait délicieusement le neuf, il voisinait sur les mêmes bancs avec les garçons et les filles de sa génération. Les emplacements étaient déterminés d'autorité par la maîtresse, sans faire de préférence, sans tenir compte ni du mérite ni du zèle de chacun. D'ailleurs et pratiquement, il n'y avait dans ce village qu'une seule et même classe sociale, bien qu'il y eut des familles de cultivateurs plus riches que d'autres, et bien que Pierre n'appartint point à une famille paysanne proprement dite.

Mais dans l'esprit, l'égalité sociale était de règle, qui gommait les distances entre les écoliers. Ainsi, l'apprentissage de la sociabilité se faisait sur un mode libéral et démocratique.

Peu peuplé, le village se partageait, *grosso modo*, en six ou sept familles, que l'on désignait par autant de patronymes. Mais, sauf dans le cas d'homonymie, pour s'y reconnaître, on utilisait les prénoms, ou encore les surnoms, à défaut des sobriquets, que la maîtresse interdisait en raison de leur connotation péjorative et moqueuse.

Mais cela n'empêchait pas Pierre de manifester des préférences. Dans les toutes premières années, sans doute parce qu'elles faisaient fonction de sous-maîtresses, il s'attacha aux grandes filles qui le faisaient lire : la Colette, la Mariette, la Renée. Pierre sentait et respirait leur odeur de filles qui se distinguait par une fraîcheur et une suavité délicates et volatiles, où se mêlaient chez certaines des efflorescences de violette et de rose. A cette perception par Pierre de ce bouquet d'exhalaisons femelles s'ajoutaient, sur ses cheveux, sur ses joues, sur ses mains, le satiné de leurs douces caresses et le contact soyeux de leurs étoffes. Sans doute retrouvait-il là une forme de tendresse et de sensualité maternelles, auxquelles il aspirait avec l'avidité ingénue et innocente d'un petit animal rustique. Il se servait dans ses jeux, aussi bien dans la cour de récréation qu'au-dehors, de cette faculté aiguë de l'odorat qui lui permettait sans se tromper de distinguer une fille d'un garçon et de l'identifier instantanément, notamment lors des parties de colin-maillard, les yeux bandés. Ainsi, il ne se trompait jamais entre la Jacqueline et la Mimi, entre la Paulette et la Noëlle, de même entre le Pierrot et le Julien, ou entre le Claude et le Michel.

Cette extrême sensibilité du nez chez Pierre s'exerçait dans son environnement en toute circonstance. C'est pourquoi il n'aimait pas se rendre aux cabinets qui exhalaient, dans cet étroit boyau aménagé derrière la petite école, une puanteur de fèces et d'urines, fétide, acide, pestilentielle, qui le portait au dégoût et au vomissement. Tout comme il répugnait à subir la punition du cachot, non pour l'obscurité et les bestioles qui y vivaient, mais pour les fadeurs et les relents de moisi et de renfermé, les remugles de croupissure émanant d'humides serpillières et d'éponges imbues de putridité, ainsi que par l'âcreté sèche et irritante des poussières et des « moutons » qui s'y accumulaient.

Pour Pierre, c'était devenu familier et vivant, toujours nouveau, toujours passionnant d'aller à l'école. Il sentait qu'il appartenait à un petit monde grouillant de vie, circonscrit mais divers, où chacun avait sa place comme chaque maison dans le village avait la sienne. Et chacun, et chacune, bord à bord, solidaires et conviviaux, s'accommodant vaille que vaille les uns des autres, vivaient ensemble et, en fin de compte, cela faisait une concitoyenneté de fait, la vertu cardinale de la vie en société.

Pierre à l'école percevait cette appartenance à l'espace communal, à ce village séculaire juché sur les épaules de sa colline, qui commençait aux tours de son château et au clocher de son église, et s'épandait par ses rues étroites vers l'apaisement horizontal des prairies et le trait bleu sombre de la forêt lointaine, qui barrait le ciel. L'écolier Pierre, tout mobilisé qu'il était dans l'apprentissage des rudiments du savoir, apprenait en même temps à connaître son village, qu'il trouvait joli et plaisant et auquel il vouait déjà amour et fierté.

Huit heures déjà, qui présumaient une limpide et viride matinée de printemps. Un bref coup de sifflet stridait, suivi d'un ordre catégorique : « En rangs ! » Alors cela ne traînait guère. La cour se vidait aussitôt et c'était comme une envolée de moineaux ! Pierre abandonnait les nattes de Noëlle, plus douces que de la soie, et rejoignait ses camarades alignés devant la porte. « Avancez ! » Et c'était la bacchanale des sabots de bois sur le ciment du vestibule, le bruissement confus et crépitant des écoliers qui se déshabillaient et se déchaussaient. « Entrez ! » Et chacun et chacune de se rendre à sa place et de s'y tenir debout les bras croisés. « Asseyez-vous ! »

Et bientôt le plafond ensoleillé de la petite école retentissait d'un ronronnant bourdonnement, imprégnant tout le village d'une rumeur grave et studieuse.

Gens de la Vôge

Inscrite complaisamment dans la mémoire de Pierre, la réalité profonde, lyrique et solaire de son village évoquait sans cesse en lui cette rusticité traditionnelle, qui sacralisait sa farouche alliance avec la terre. Il lui suffisait de convoquer dans ses pensées les murailles pesantes de ces maisons et les visages intelligibles des hommes qui les habitaient pour que pesât sur lui, dominant le silence et s'affranchissant de la pesanteur, cette obscure et vibrante vigilance d'une vie séculaire, qui incendiait sa solitude.

Ces maisons, accablées du poids irréductible de blocs, de pierres, d'agrégats et de moellons agglomérés de chaux, de ciment et de plâtre ; ces maisons, trouées d'étroites ouvertures, par lesquelles filtraient les soleils et les fatalités ; ces maisons hautes et larges, où béaient sur les façades décrépies les gueules monstrueuses et voraces des portes de grange ; ces maisons qui faisaient plus de place aux bêtes et aux fourrages qu'aux aîtres et aux gens qui y demeuraient.

Et il y avait tous ces visages, toutes ces physionomies, toutes ces frimousses, tous ces masques embaumés de rires et de sourires, ruinés de rides ou chiffonnés de fatigues, tous ces minois enjoués et mignards, toutes ces figures poupines ou espiègles, tous ces faciès vultueux ou cendreux, et sur lesquels vivait quelque chose d'immuable, comme la suprême évidence d'un monde où les lois aveugles de la nature semblaient ne pas avoir de prise, comme si l'usure du temps, la réalité même de la mort et cette angoisse d'une fin des choses et de l'homme étaient irrecevables et inconcevables.

Il y avait dans ce village, le long de ses rues resserrées, le ruissellement de pierres de hautes maisons jointives – à la mode lorraine –, parfois interrompu par les décombres pitoyables de masures en ruine que dévorait une végétation cannibale de sauvageons, de broussailles et de ronces.

De part et d'autre d'une voie unique, qui cependant s'entrouvrait devant l'école pour mieux embrasser le torse feuillu et rugueux de la colline, s'élevaient ces façades aussi diverses et aussi chargées de cette sérénité intemporelle que les faces des hommes et des femmes qu'elles abritaient, comme si elles prolongeaient dans leurs pierres brutes ou taillées, dans le teint crotté ou crevassé de leur crépi, dans le surplomb crénelé de moellons rustiqués, dans l'expression détendue ou crispée de leurs portes et de leurs fenêtres, dans l'orgueil ou la modestie de leurs cheminées, ce glissement calme d'une éternité par-dessus les époques, comme si elles communiquaient avec ces ancêtres disparus depuis des siècles, qui les avaient marquées pour toujours de leur caractère rudimentaire, où soufflait leur esprit et où triomphait la permanence incontestable de leur destin.

Et dans le cœur de Pierre, ces fermes, ces maisons, ce village se moulaient, se cimentaient avec les gens qui les habitaient : leurs visages, leurs gestes, leurs regards, leurs voix...

Ainsi, si dans ce village meurtri et blanchi d'histoire, Pierre sentait peser une rassurante oppression minérale qui, comme la présence immortelle du passé, affleurait partout dans l'épaisseur et le mitan des murs, s'engrenait dans claveaux, linteaux, voûtes et corniches, épaulait le manteau des cheminées, pavait cuisines et écuries, escaladait escaliers, seuils et perrons, saillait de pierres d'attente et de pierres d'angle, recouvrait cours et usoirs, il ressentait fortement cette intimité congénitale, élémentaire entre les hommes et cette nature issue des premiers âges de la terre qui exerçait sur lui un attrait farouche, puissant, définitif, qui le fascinait et l'emportait tout entier comme dans un tourbillon.

Quasiment depuis toujours, son existence gravitait et s'inscrivait autour de ces alvéoles de pierres éternelles coiffées de tuiles rouges, où, comme des insectes géants, les hommes du pays de la Vôge vivaient, travaillaient, mouraient, suant, trimant, prospérant, toujours luttant avec entrain et opiniâtreté contre les fatalités et les pesanteurs féroces de la nature.

Toutes ces vies qui tournoyaient autour de lui et remplissaient les rues, dans la lourde lumière d'un après-midi d'été ou l'intimité recluse mais illuminée de neige d'un matin d'hiver, étaient pour Pierre la réalité simple, paisible, accoutumée de son existence. Telles justifiaient et fondaient son enfance. C'était ce qu'on a l'habitude d'appeler la vie, qui sourdait et chantait sous des espèces vivaces et sensibles, sous des auspices légers et solaires, de ces cuisines sombres d'où s'échappaient des arômes puissants de lard, de chou et de pomme de terre, de ces chambres confinées aux lits hauts comme des catafalques, enchâssées dans leurs chaudes boiseries de chêne vieux et enrobées de lourds édredons rouges. Cette vie qui s'écoulait plus qu'elle n'était vécue, mais dont l'apparent dénuement et la fruste banalité masquaient le ronronnement d'un modeste bonheur, qui cherchait depuis des centaines de siècles à affirmer la prétention de la vie devant la mort et qui s'accordait si fort avec cette détermination obscure de la nature environnante à vouloir, vaille que vaille, se perpétuer...

Dans les années 50, c'est-à-dire à l'époque où Pierre était au plein de son adolescence, quelques grandes familles de paysans se partageaient le village. Béotien de l'histoire, Pierre pensait mordicus que ces familles descendaient de tribus gauloises, qui vivaient depuis des millénaires en ces lieux, elles-mêmes descendantes des hommes des cavernes. A vrai dire, cette hypothèse lui semblait plausible en raison de la découverte de vestiges celtes sur la colline, où s'élevaient encore les restes du château médiéval. Et non loin de là, dans le vallon druidique de Bonneval, il pouvait toujours voir les ruines d'un châtelet gaulois datant de la conquête romaine et qui aurait été bâti sur un site néolithique.

Par passion et par dilection, Pierre feignait de croire que cet éclat bleu qui illuminait la prunelle de nombreux anciens du village venait de leurs ancêtres gaulois, avec lesquels ils semblaient partager le même fougueux et barbare amour de la nature. Mais d'où venaient tous les autres, aux yeux noirs, marron, verts, gris, roux ou couleur de noisette ? Bien qu'il fût éloigné des grandes métropoles, il en avait subi ce petit village des pillards, des reîtres et des soldatesques de tout acabit, situé qu'il était, à l'ère antique, aux frontières des territoires des Rauraques et des Lingons et sur l'arête des Monts Faucilles, où sinuait la voie romaine de Langres à Strasbourg. Ainsi, Pierre comprenait mieux que ces paysans fussent issus de multiples et nombreux métissages qui avaient modelé leurs visages, nuancé la couleur de leurs yeux et diversifié leur morphologie. Mais sans pour autant qu'ils eussent perdu cet attachement indéfectible et fécond au sol natal, aux plantes, aux bêtes sauvages et domestiques, auxquels un lien mystérieux et profond les unissait.

Deux grandes familles vivaient dans le village, frères ou cousins, qui constituaient la majorité des familles paysannes :

les Gantois et les Dufays. Trois familles Gantois habitaient le bas du village, la rue de la Voye, c'étaient celles du Jules, du Léon et de l'Henri. Quant aux Dufays, l'Albert résidait dans le même quartier, le Modeste habitait la rue Neuve et le Constant vivait dans une ancienne dépendance du château.

Pour Pierre, le Jules Gantois était un bonhomme déjà vieux. Sans doute parce qu'il faisait partie de ceux de 14 ! De petite taille, son corps noueux et maigre, jadis si robuste et si fringant, se voûtait, se cassait et s'inclinait de plus en plus vers la terre. Sous une sempiternelle casquette, auréolée d'un empois gras et grisâtre, sa face émaciée, tannée par les soleils et les frimas, se fanait, se parcheminait, se ridait. Un nez en bec d'aigle lui donnait une expression de rapace qu'adoucissait l'éclat vif et malicieux de deux petits yeux sombres brillant au fond de profondes orbites. C'était un travailleur infatigable sur qui le temps et les travaux des champs ne semblaient pas avoir de prise. Il avait un caractère simple et facile qui en faisait une personne ouverte et sociable, toujours prête à faire la conversation. Fruste mais digne dans son langage, il était en toute occasion bienveillant avec les faibles et les pauvres. Rude pour lui seul, il savait ménager sa famille et ses bêtes, auxquelles il manifestait des soins et un attachement particuliers. Bien que dans l'aisance, il était sobre et frugal, buvant modérément le vin de sa vigne. Toujours sa table était ouverte, ainsi que sa main et sa bourse.

Quand Pierre le rencontrait, il répondait toujours avec civilité à son bonjour et parfois s'arrêtait pour lui faire une courte conversation. C'était l'occasion pour lui de faire souffler ses chevaux, singulièrement lorsqu'ils étaient attelés à un lourd chariot de fumier. Son fouet passé derrière le cou pendait sur sa poitrine, le manche en bois tressé d'un côté, la lanière de l'autre, au bout de laquelle s'effilochait la misse[1] soyeuse. Tout en causant, il en profitait pour se rouler une cigarette.

Regardant Pierre bien en face, il lui disait : « Comment ça va mon homme ? », expression commune aux gens du pays et qui constituait souvent l'entrée en matière d'une causerie. Puis, il s'enquerrait de ses études. Il lui disait : « T'as bien raison de vouloir étudier. Plus tard tu seras un monsieur. Ce n'est pas comme nous qui trimons nuit et jour comme des esclaves ! Mais tu vois quand même, je ne donnerais pas ma place pour un empire. C'est dur ce qu'on fait, mais on est libre et on respire le bon air... » Et sur ces paroles empreintes d'une saine philosophie, il concluait : « Il va falloir que j'y aille. Ça m'a fait plaisir de te voir et de bavarder un peu avec toi, mais il ne faut pas feignasser, le boulot attend... » Et sur ces belles paroles, le fouet claquait au-dessus des chevaux arrêtés, tandis que le Jules les stimulait d'un *tioup* à la fois énergique et affectueux. A peine Pierre avait-il le temps de caresser le bon gros mufle de velours de la Blonde, qui se reposait entre les limons de la limonière, que l'attelage démarrait. Les traits se tendaient, cliquetant brusquement sur les crochets des colliers, tandis que le lourd chariot, dont le conducteur avait desserré la mécanique du frein, s'ébranlait dans un grincement d'essieu et que les épais bandages de fer luisant faisaient crisser et crépiter la route fraîchement gravillonnée, parsemée de pailles souillées et de papillotes de cambouis.

L'adolescent regardait s'éloigner vers les hautes terres ce lent et pesant attelage, ces trois chevaux superbes et vigoureux, qui lui donnaient une incomparable impression de force et de beauté, près desquels le Jules marchait à pas traînants et mesurés. Et quand l'auguste équipage disparut à l'horizon

1. Misse : ficelle à fouet en coton.

buissonnier de la route montante, Pierre soupira intérieurement, car il redoutait de voir s'éteindre dans un très proche avenir l'image emblématique de cette vie champêtre, qui enchantait si violemment et si délicieusement ses jeunes années. Déjà les premiers tracteurs avaient fait leur apparition dans le village, qu'ils assourdissaient de leur vrombissement mécanique et qu'ils polluaient de leurs fumées noirâtres et nauséabondes.

Quand Pierre vivait reclus dans son collège, il s'épuisait dans ses rêves à imaginer l'instant où le Jules devrait abandonner la culture. Il le voyait très vieux, son pauvre corps noueux et sec comme un cep de vigne, cassé en deux, ses membres tremblotant sous le moindre fardeau et cédant à la moindre fatigue. Il s'imagina le soir où il revint pour la dernière fois des champs, avant de remiser sa charrue au fond du vieil hangar et de dételer ses braves chevaux de peine. Il le vit s'arrêter en haut de la côte que coupait le chemin de Dombrot. De là, on apercevait le plateau montueux et bigarré de parcelles labourées et de pièces en jachère, vers le finage lointain de Lignéville. Dans un brouillard nostalgique, il le vit se retourner. Et il l'observa en train de contempler longtemps cette terre au crépuscule, la terre bien-aimée, la terre nourricière, qui lui avait donné tant de joies mais aussi tant de peines, qu'il avait sa vie durant remuée et besognée, dont il avait eu le goût de travailler sans faire état de son travail, toujours allant de l'avant dans la lumière vibrante d'un bon courage. Et pour la première fois de sa vie, des larmes brûlantes coulèrent sur la peau tannée de ses joues, qu'il effaça brusquement d'un double revers de manche...

Le Léon était un fort et beau vieillard, qui dominait de sa haute taille et de son imposante corpulence tous les paysans du quartier. Certains l'appelaient « le gros Léon », sans doute en raison de son corps ossu, bien charpenté et d'un embonpoint de bon aloi, qui lui donnait parfois une façon de chattemite, mais qui n'était qu'une apparence car il était franc comme l'or.

Son visage de pleine lune s'arrondissait sur un double menton qui reposait, mafflu et amolli, sur son cou de taureau. Que dire de son nez, sinon qu'il était gros et large, un nez énorme, un nez bourbonien, dont les ailes se marbraient de couperose. De ses cornets béants comme ceux d'un mufle bouffaient deux bouquets de poils argentés. S'il avait un nez péninsulaire, ses oreilles à leur manière n'étaient pas moins monumentales par les larges ourlets en spirale de leur conque, qui décrivaient en demi-cercle, jusqu'aux lobes rondelets, des circonvolutions lippues, embroussaillées de houppes bourrues.

Sous l'arc touffu de sourcils sombres et zébrés de neige rayonnaient et vivaient deux bons gros yeux clairs, pétillant de bonté et d'intelligence, où l'on retrouvait les teintes apaisées d'un ciel après l'orage, lorsque la pluie avait lavé l'espace et décanté la lumière. Mais où, parfois, lorsque certains souvenirs battaient son cerveau, on voyait s'embrumer une dolence et une mélancolie plaintives.

Pierre le rencontrait souvent dans les rues du village lorsque, libéré de son train de culture qu'il avait transmis à son fils Pierre et à sa fille Mariette, il faisait sa promenade. Son énorme main velue et tachetée de lentigos appuyée sur un mastoc bâton de coudrier, sa bedaine ventripotente en proue et qui faisait craquer la braguette de son pantalon, il montait lentement le village et, par la route de Lignéville, se rendait jusque sur La Croix. Là, il s'asseyait sur un tas de cailloux en bordure de chemin pour reprendre son souffle, qui raclait bruyamment sa gorge, et pour s'éponger la figure trempée de sueur avec son grand mouchoir à carreaux. Il aimait venir respirer l'air pur du plateau. Les champs autour de lui déroulaient en été leur damier panaché, où blondissaient les seigles et les orges, les blés et les avoines, où verdoyaient les luzernes et les sainfoins, où rosissaient les trèfles en fleurs, tandis qu'un soleil aux longues mains d'or aidait au rude labeur des hommes et hâtait l'obscure et féconde maturation de la terre.

Quand Léon rencontrait Pierre adolescent, il aimait à deviser avec lui. Et Pierre l'écoutait avec une affectueuse attention, car il avait sur les hommes et sur les choses de la vie une élémentaire mais profonde philosophie. Il lui disait : « Tout ce que tu donneras à la terre, elle te le rendra. Ce n'est pas comme les hommes » Il aimait parler de ses chevaux, qu'il avait dû vendre parce qu'ils étaient vieux et parce qu'un tracteur les avait remplacés. « Tu vois, disait-il à l'adolescent, le satané engin à moteur a plus de chevaux-vapeur que je n'ai jamais eu de bourrins dans mon écurie. Et il abat du travail comme dix, comme vingt, comme trente. Mais tu sais, si l'on pouvait revenir en arrière, je ne donnerais pas mes chevaux pour tout l'or du monde et jamais je ne les aurais échangés contre un tracteur. J'ai toujours préféré un “moteur à crottin” à un moteur à essence, même si j'ai eu affaire parfois à des carnes. Tu te souviens du Bijou lorsqu'il s'était emballé et qu'il avait traversé tout le village avec un rouleau au cul ? Heureusement que les gens étaient aux champs et les enfants à l'école. Mais nom d'une pipe, qu'est-ce que j'ai eu peur ce jour-là ! »

Pardi que Pierre se rappelait de cet événement, qui avait bouleversé le train-train laborieux et paisible des gens du village et qui, rien que d'en parler, les faisait encore trembler d'une peur rétrospective ! A part quelques poules écrasées, la bête emballée n'avait heureusement fait aucune victime. Comme il s'en souvenait Pierre de cet événement, comme si c'était hier !

C'était pendant la récréation de cet après-midi de mars. Il jouait aux barres avec ses camarades lorsqu'un boucan de tous les diables, comme un fracas de tonnerre métallique, éclata au loin de la rue Neuve ! Ce barouf inhabituel, insolite, s'enfla et gronda rapidement. Et soudainement, il vit surgir, dans un nuage de poussière, un cheval emballé et attelé à un lourd rouleau brise-mottes qui bringuebalait dangereusement. L'énorme cylindre aux forts anneaux de fer se soulevait de terre, voltait et virevoltait à droite puis à gauche, et retombait sur les gravillons en une claire pétarade, où pétillaient des gerbes d'étincelles. A une vitesse endiablée, il s'engagea dans la descente vertigineuse et disparut à la vue de Pierre en quelques secondes, tandis que les échos du fol équipage se perdaient déjà dans les haies buissonnières dévorant l'arrière de la petite école...

Mais au passage, Pierre avait eu juste le temps de reconnaître le Bijou du Léon Gantois, malgré ses yeux fous riboulant comme des escarboucles de jais hors de ses orbites, malgré sa crinière et sa queue empanachées de vent, ses naseaux fumants, ses oreilles secouées de frémissements, malgré son encolure et son poitrail blanchis d'écume...

Toujours attelé au rouleau frénétique, dont le vacarme sur le bitume l'affolait et entretenait la démence de son emballage, il pénétra par la grande porte ouverte de son écurie, où le limon qui l'encadrait se brisa sur les chambranles de pierre et où il rompit ses traits.

Le Léon ne se sépara point du Bijou, qui par ailleurs était un robuste et courageux cheval de force. Il s'arrangea pour toujours l'atteler en flèche ou en tandem et il n'eut plus jamais de problème avec lui. Comme pour s'excuser auprès des paysans qui lui en faisaient reproche, il disait : « Vous savez vous autres, il n'y a pas de bonne bête sans défaut ! » Et tous comprenaient ce que cela voulait dire et ravalaient leur remontrance.

Quand Pierre quitta le Léon toujours assis sur son tas de cailloux, il vit passer dans ses yeux comme un moutonnement bleuâtre, qui recouvrait la couleur sensible et profonde de son iris diapré d'infini, où bougeait, doucement émouvante, caressée par la fuite d'un regret, une larme limpide qu'il écrasa dans sa grosse main, furtivement, comme on écrase un chagrin d'enfance. Pierre se saisit brusquement de la main gigantesque et la serra très fort dans la sienne sans rien dire ! Et il s'en fut sans se retourner, emportant dans sa paume mouillée l'empreinte d'une immortelle amitié...

La ferme du Léon déroulait ses hauts bâtiments de vieilles pierres, chapeautés d'un ruissellement de tuiles aux teintes coquelicot, en retrait de la rue et au-delà d'une vaste cour pavée à laquelle on accédait par une ruelle longeant l'imposante fontaine d'en bas. Elle accostait la ferme voisine de l'Henri, laquelle se continuait par celle de l'Albert Dufays, qui s'ouvrait, en angle rentrant, au débouché de la route de Thuillières, juste en face du monument aux morts.

Si l'anatomie du Léon prospérait dans un corps gros et gras, celle de l'Henri était à l'opposé, car il était aussi grand qu'il était maigre – un échalas, mais néanmoins un échalas vigoureux et de robuste constitution. Il se tenait toujours très droit, ce qui révélait un tempérament fier et un caractère ombrageux. Les gens s'en méfiaient et évitaient de trop le chatouiller, préférant s'en accommoder plutôt que de le défier. Et ce n'était pas par faiblesse ou par veulerie, mais pour raison et sagesse garder. Ce n'était pas non plus par hypocrisie, mais par souci de ne point se causer des embrouilles inutiles. C'est que les gens de cette époque pratiquaient volontiers ce vieux dicton, sensé et efficace : « Il faut prendre les gens comme ils sont et les choses comme elles viennent... ». Et ils ne s'en portaient que mieux !

On l'appelait « Quiquin » dans le village, diminutif apparemment de son prénom, mais peut-être aussi en raison de sa voix craquetante, qui avait parfois des inflexions nasillardes.

Sous sa casquette vissée en permanence sur la tête, s'étirait son visage allongé, anguleux, dont les linéaments se chiffonnaient pour dessiner un masque de rides parcheminées comme du papier mâché. Une petite moustache poivre et sel agrémentait le dessus de sa bouche, dont la lippe épaisse et rosâtre semblait se boursoufler de vanité. Malgré son air bourru, c'était pour qui le connaissait le meilleur homme du monde, civil, ouvert et sociable. Mais il avait ses têtes et ses humeurs, et il n'était pas à prendre avec des pincettes lorsqu'il était mal luné ! C'était à la vérité un solitaire et un misanthrope : il aimait travailler seul comme il préférait chasser en solo. Il faut dire qu'il avait quatre filles qui devaient bien, de temps en temps, lui causer quelques soucis.

Pierre ne commerçait pas avec l'Henri en raison de son caractère hautain, qui l'impressionnait et le rebutait. Mais pour autant, il ne l'avait pas en aversion et, quand il croisait sa longue et raide carcasse dans le village, il le saluait sans arrière-pensée. Et son salut lui était toujours rendu.

Quand on voyait pour la première fois l'Albert Dufays, on avait tout de suite l'impression qu'il était de l'ancien temps : par son allure générale et par son habillement, qui le faisaient ressembler au grand-père maternel de Pierre. Comme lui, il était de petite taille, noir de peau et de poils. Comme lui, il avait un corps sec et noueux révélant cependant une complexion solide comme un roc. Deux yeux sombres, vifs et intelligents, brûlaient au fond de ses orbites sur un visage à la peau tannée, enluminée de couperose ; une moustache à la gauloise, à la façon de ceux de 14, lui donnait de faux airs de bravache. Toujours vêtu de vêtements sombres, il ne quittait jamais sa casquette gaillarde ni sa traditionnelle et indispensable ceinture de flanelle grise.

Sous des airs rébarbatifs et bourrus, et bien que son visage fermé, tiré, crispé de rides n'inspirât pas la sympathie, c'était un bien brave homme. Il était veuf depuis plusieurs années avec des enfants à charge, ce qui avait sollicité et mobilisé son caractère énergique, volontaire, déterminé, mais qui l'avait en même temps aigri et vieilli avant l'âge. A le voir souvent dolent et mélancolique, on sentait, on comprenait qu'il ne s'était jamais remis de son veuvage injuste et prématuré. Si bien que certains dimanches, il forçait un peu sur la dive bouteille. Oh, il abusait si peu, mais comme avec l'âge il était moins costaud et moins résistant, il lui arrivait parfois d'être pompette. C'est ainsi qu'un certain dimanche après-midi de juillet, il arriva un accident au bonhomme.

Après dîner, il avait attelé la Bergère à son char à bancs, puis était monté au cimetière se recueillir sur la tombe de sa femme. En redescendant par la rue du Château au fort pourcentage, sans doute parce qu'il avait oublié de serrer la mécanique du frein, le char à banc prit peu à peu de la vitesse que la jument ne put longtemps contenir. Elle se mit à galoper, puis s'emballa, l'armon de la voiture battant contre ses postérieurs, après que les courroies de reculement se furent rompues sous sa poussée de plus en plus pesante au fur et à mesure que sa vitesse augmentait... Sans doute reprise en mains par le père Albert qui avait retrouvé ses esprits et redoutait de voir le char fou dévaler la côte jusqu'au bas du village, la jument alla s'écraser contre le mur de pierres d'une vieille maison et sur la gauche de la rue descendante, entraînant avec elle la voiture et son passager. Sous le choc très violent, les limons de bois se fracassèrent contre la muraille, libérant du même coup la bête attelée ; et l'avant du véhicule percuta la vieille masure dans un atroce fracas de bois et de ferraille brisés, qui s'entendit dans tout le village avec, en contrepoint, les longs hennissements de douleur de la jument blessée...

Le porte-guides de fer rond s'était cassé et le père Albert, au moment de l'impact, avait été projeté vers l'avant, sa tête allant frapper un montant rompu à l'extrémité éclatée, lui infligeant une profonde blessure punctiforme sous l'œil droit.

Quand Pierre se mêla aux villageois qui avaient accouru à son secours, le père Albert reposait dans l'herbe auprès de son char à banc disloqué, sa veste roulée en oreiller sous sa tête, son col de chemise ouvert et sa cravate dénouée. Il était à demi inconscient. Ses yeux se révulsaient, et son corps et tous ses membres étaient agités de tremblements saccadés et intermittents. Une plaie béante, aux lèvres larges et sanguinolentes, s'ouvrait au niveau de la pommette droite, d'où se répandait un sang écarlate qui avait maculé sa chemise blanche et sa cravate noire, car le père Albert avait revêtu ses habits du dimanche.

Tandis que les gens s'occupaient du vieillard blessé, le Pierrot Dufays tentait de calmer la jument, qu'il maintenait à grand-peine par la muserolle, car elle était très agitée et hennissait plaintivement par séquences brusques et violentes. Son poitrail et ses épaules étaient inondés de sang, d'un sang rouge et fétide, dont les pierres du mur portaient les traces. On voyait au niveau de la ganache palpiter une atroce blessure, dont les lèvres de chairs tuméfiées s'ouvraient et se fermaient comme une gueule, d'où s'écoulait le flux vermeil d'un saignement continu.

Pierre était très impressionné par cet accident et par la vue du sang, qui exerçait sur lui à la fois une étrange fascination et un dégoût horrible. Cet après-midi-là, à cet endroit où le père Albert ensanglanté reposait dans un lit d'herbes vertes auprès de sa voiture démantibulée, le soleil de juillet lui aussi était là, faisant claquer ses fouets d'or dans un ciel lourd bleu d'outremer. L'adolescent dut se faire violence et ce n'est que par un sursaut de toutes ses forces qu'il s'arracha à ce spectacle, avant que, dans un délire incontrôlé, ne resurgît ce défilement d'images rapides d'une cruelle laideur et ne vint habiter à jamais sa mémoire.

Le maître et sa bête se remirent lentement de leurs blessures. Et Pierre revit avec soulagement et contentement le père Albert dans son char à banc réparé et comme flambant neuf, tiré par la jument miraculée.

Quand on s'engageait dans la rue Neuve, sitôt passée la petite école communale, on découvrait à main gauche la masure de Germaine Boudeville, puis les fermes mitoyennes d'Albert André et de Modeste Dufays.

Celle du Modeste était une vieille bâtisse de pierres sombres et décrépies, où la grange et les écuries faisaient suite en façade à un corps de logis fruste et rudimentaire. Un énorme tas de fumier trônait à l'extrémité occidentale du large usoir bosselé de pavés inégaux et disjoints, mangé d'herbes folles, qu'ombrageait un noyer gigantesque.

La façade grisâtre au crépi rongé et boursouflé de renflements, les portes et les fenêtres couleur d'anthracite, les volets de guingois à la peinture écaillée et aux coloris éteints, les tuiles des toits brûlées par le soleil, imprégnaient la maison et ses dépendances d'une atmosphère rébarbative et baroque, comme si on les avait édifiées avec des ruines, ou sur des ruines, et que, d'époque en époque, elles s'étaient empilées et agglomérées, dans un ensemble de concrétions de grès, de calcaire et de chaux, pour former ces constructions sans agrément où on ne décelait la moindre concession à l'inutile.

On avait d'évidence l'impression que ces lieux furent brutalement occupés à la fin d'une guerre ou d'une famine par des gens qui avaient manifestement des préoccupations vitales immédiates et n'avaient eu ni le temps ni l'envie de se soucier d'architecture et encore moins de beauté et d'harmonie. On voyait bien que les divers bâtiments accolés les uns aux autres avaient été bricolés et improvisés au fur et à mesure des besoins, sans souci de cette alliance harmonique avec la terre qui les portait et dont l'espace et les matériaux avaient été arrachés par la force.

Comment, dans ces conditions, n'aurait-on pas retrouvé, dans les gens qui les habitaient, cette même farouche âpreté, cette même hargneuse et besogneuse soumission imposées de l'extérieur par une nature primitive et barbare, dont ils n'étaient pas tout à fait parvenus à se libérer et qui s'était momifiée dans leur sang et dans leur hérédité.

Ainsi, le Modeste Dufays et sa famille appartenaient à cette race de gens durs comme la pierre, dont la condition les faisait vivre comme des bêtes de somme, mais qui n'étaient pas en mesure d'envisager vivre autrement. La vie en réalité ne leur laissait ouverte qu'une étroite fenêtre par où s'engouffrait leur médiocre conception de l'existence, avec cette complaisance sordide et ce mépris farouche qu'ils mettaient dans leur acharnement à ne vouloir pour tout l'or du monde en changer. Bien qu'on sentît au fond d'eux-mêmes, quand la fatigue les écrasait, affleurer une certaine forme de découragement, de lassitude et de dégoût, ils s'accrochaient désespérément à ce sentiment tranquille et rassurant du propriétaire, à l'immuabilité et à la solidité des traditions, peut-être aussi à cet attachement animal à la terre responsable de leurs peines et de leurs tribulations, mais qui, chaque printemps, fouettait dans leur corps un sang plus neuf et plus salubre.

Même si cette vie terrestre n'avait pour eux ni le goût ni la couleur du bonheur, ou d'un aperçu de bonheur, fait de petits plaisirs et de menus répits, ils n'avaient finalement jamais consenti ni à la trahir ni à la perdre. Sans le savoir, ils faisaient charnellement partie de ce terroir vôgien, au même titre que les plantes qui y croissaient et que les bêtes qui y vivaient.

Quand au prime abord on voyait le Modeste, alors qu'il était entré dans le troisième âge, on avait l'impression surprenante de se trouver en face d'une bête étrange, une espèce de sanglier noir et hirsute, qui pourtant avait une tête d'homme, où riboulaient deux yeux vifs et amers, où une bouche humide de salive bougeait toute seule au bas de son visage qui remâchait avec un entêtement d'ivrogne des mots incompréhensibles, à peine audibles, qui glissaient et fuyaient devant l'effort désespéré d'un cerveau s'acharnant bêtement à ressasser une vacuité indissoluble.

C'est qu'il en avait trimé dans sa vie, le Modeste, dont les traits, avec l'accumulation des ans, des peines et des fatigues, s'étaient durcis et révélaient le fourmillement immobile des rides. Il avait labouré, hersé, semé ; il avait biné, sarclé, épierré ; il avait fauché, fané, moissonné ; il avait défriché, essarté, fossoyé ; il avait récolté, battu, vanné. Il avait brouetté à la force de ses bras et de ses reins, pailles et litières, arraché betteraves et pommes de terre, chargé et déchargé foins, gerbes et fumiers, coupé, scié, empilé, débardé bois de chauffage et bois de grume...

Dur à l'excès pour lui-même, il l'était aussi avec ses bêtes de somme, bœufs et chevaux, qu'il traitait sauvagement, les massacrant de coups de fouet et de bâton quand ils ne répondaient pas à son attente.

Si Pierre fréquentait le Pierrot, le second fils du Modeste, qui avait quelques années de plus que lui, et qui, bien qu'inculte et simple, était gentil et bon camarade, il fuyait le père, dont le caractère farouche et coléreux lui inspirait de la crainte et dont la bestialité l'emplissait d'effroi et de dégoût.

Quand Pierre quittait son village pour le collège, octobre rallumait dans la campagne les prémices de l'automne. Déjà, la soudaine illumination de l'aurore dissipait les bancs de brouillard épandus sur les prairies ennuitées. Les pierres des maisons se mettaient à fumer au soleil et, déjà, la matinée fraîche respirait d'intimes nostalgies, de promesses troubles, d'arômes de fleurs fanées, de lourdes vapeurs d'étable, de fumées aigres à l'odeur d'encens de feux de bois, de tintements cristallins de bidons de lait, qui se répercutaient entre les murs des écuries et se répandaient à travers le village engourdi.

Les noires bâtisses des maisons se découvraient au passage de Pierre, plongées dans un déclin de nuit, se préparant lentement à basculer dans l'intense luminosité du jour sous le bleu frileux du ciel. Et derrière ces portes qui s'ouvraient, derrière ces fenêtres qui se coloraient d'une modeste clarté, des hommes et des femmes se remettaient à vivre à la pique du jour, mystérieuse réalité de la création livrée à la meule du temps, à l'indifférence des pluies et des soleils, à la férocité des neiges et des frimas, à l'épaisseur des boues et des orties.

Derrière chaque porte, derrière chaque fenêtre, Pierre savait qu'il y avait tel visage, tel regard, il y devinait tels gestes, telles grimaces. Et toujours il s'interrogeait : pourquoi vivent-ils ? Pourquoi vivent-ils ici, dans ce village, dans mon village ? Pourquoi dois-je quitter ces gens et ces maisons que j'aime, dont je suis ? A quoi ressemble là-bas, où je vais ?

Pierre, Julien et la truite

Dans un tumulte d'eau, de vent et de tonnerre, l'orage avait balayé la colline durant des heures. Pierre regardait s'éloigner vers l'est les énormes nuées au ventre gris, d'où s'étaient déversés des torrents de pluie. Le chaud soleil de juillet, ce tantôt, reprenait peu à peu possession de l'azur, dispensant son or intense sur la verte campagne et séchant les dernières larmes du ciel, qui s'évaporaient en une brume tiède et légère.

Pierre avait attendu que le tronc du grand marronnier, près du puits comblé, fut ressuyé avant que d'y monter. Il avait grimpé avec l'agilité d'un chat au plus haut de la cime et s'était installé dans le creux d'une enfourchure, le dos bien appuyé sur le tronc et les jambes pendantes, ses deux bras embrassant les branches latérales.

Il gagnait souvent le faîte du grand marronnier afin d'observer le ciel et la campagne.

De là, il pouvait voir devant lui, vers le midi, les jardins et les vergers au revers des maisons caracolant le long de la rue Neuve, puis le bas du village, cette coulée de bâtisses jointives sur les rives de la rue de la Voye. A l'ouest, c'était la sente des Vignes, vers la côte des Vignes, les Noires-Terres et la route départementale vers Provenchères, au centre, les prairies, puis la forêt à perte de vue où, dans une profonde échancrure, s'élevait la ferme des Granges. Vers l'est, au-delà des pâtures, la forêt se creusait d'un profond vallonnement, au fond duquel coulait le ruisseau de Thuillières, encore dénommé « la Saônette ».

Le grand marronnier bruissait d'une rumeur imperceptible. Ses longues feuilles palmées ondulaient doucement à la brise invisible. Les oiseaux, silencieux pendant l'orage, chantaient de nouveau et les hannetons reprenaient autour de Pierre leur sarabande bourdonnante.

Il avait à cette époque un compagnon fidèle, le Julien, un garçon qui avait quelques années de moins que lui. Intelligent et inventif, il était son ami et son confident, partageant avec lui la même passion de la nature. C'est avec Julien qu'il aimait muser dans la campagne, où il avait appris à exercer une attention patiente. S'il ne saisissait que confusément la beauté des paysages, leurs couleurs, leurs odeurs, leurs musiques, la perception qu'il en avait alors était de l'ordre d'un agrément rustique. S'il s'emplissait d'évidence de la magnificence de la nature, il ne pouvait encore traduire ses émotions ni par la parole ni par des mots. Mais il savait reconnaître, tout comme le Julien, le chant des oiseaux et surprendre des cris et des bruits que le commun des mortels ne pouvait percevoir : le clapotis infime d'un ruisselet sous le secret des prés, le remuement mélodique de la feuillée à la cime des bois, le trottinement retenu d'un mulot dans son tunnel herbeux, le vibrement d'une tige caressée par un coulis d'air, l'appel lointain d'une bête enfiévrée d'amour ou prise par un prédateur, le roulis balancé d'une feuille qui tombe, l'éclair éphémère d'une fourrure ou d'un plumage...

Avec le Julien, Pierre explorait les alentours du village, construisait des cabanes dans les haies et les bois, chassait à l'arc les oiseaux, fabriquait des moulins qui tournaient dans le courant des ruisseaux, pêchait à la fourchette les chabots et à la main truites et écrevisses. Ainsi, nos deux compères parcouraient librement une vaste contrée autour du village, même au-delà, pour lesquels n'existaient pas de bornes. Quand ils partaient sur les chemins de l'aventure, s'offraient à eux les multiples ramifications des sentiers, qui débouchaient sur d'immenses étendues de collines et de bois, de pâtures et de prairies, de marais et de ruisseaux, de taillis et de fourrés, de halliers et d'épiniers, de bruyères et de ronces, de chènevières et de sarrasinières, de ravins et de rochers, de vallons et de ruaux, de trouées et de clairières... Bien que la forêt parût impossible à connaître dans tous ses recoins, avec ses lacis de sentes entremêlées, ses gorges et ses creux innombrables, ses fourrés où poussaient, parmi les ronces et les épines, toutes sortes d'essences d'arbres – vernes, frênes, saules, sorbiers, bourdaines, cornouillers – avec ses sapinières abruptes et ses hautes futaies de chênes et de hêtres, ses tourbières bourbeuses peuplées d'une armée de roseaux, ses roches monumentales et redoutables, les deux garçons retenaient dans leur mémoire les moindres signes, les plus minces apparences, les plus menus détails de ces lieux communément inextricables.

Tout comme ils s'y retrouvaient par la boucle ou le delta d'un chemin, par l'image d'un groupe d'arbres, la forme d'un buisson, la couleur de la terre, ils savaient lire dans les lumières l'heure qu'il était et le temps qu'il allait faire. Pourtant, il y en avait des mille et des cents, des lumières, selon les saisons, selon le moment du jour ou selon le temps qu'il faisait. Ainsi, les choses de la nature, les plantes, les arbres, les bêtes, mais aussi l'air et le ciel, l'eau et les nuages, leur apparaissaient toujours nouvelles et mystérieuses.

Ils s'ingéniaient à découvrir et à suivre les traces de gibiers, qu'ils savaient pourtant ne pas être en mesure de chasser et de s'emparer. Que ce fût un lièvre, un renard, un blaireau, un sanglier ou un chat sauvage. Mais ils finissaient presque à tout coup par en déceler les pistes et à remonter jusqu'à leur refuge : gîte, terrier, bauge ou tanière. Et ils s'esclaffaient de contentement et d'une joie farouche lorsqu'ils pouvaient lever un lièvre après avoir découvert ses entrées et l'avoir surpris au gîte, ou encore lorsqu'ils pouvaient observer une renarde et ses renardeaux jouant et gambadant devant leur terrier...

Cela tenait d'une science consommée bien qu'instinctive, qui ne s'apprenait pas dans les livres et qui découlait d'une communion charnelle avec la nature, où tous les atavismes resurgissaient d'un passé méconnu renaissant d'une hérédité biologique oubliée et enfouie au plus profond de l'être.

Dans l'eau claire des ruisseaux ou l'onde obscure des mares et des étangs, ils décelaient au simple coup d'œil l'éclair étoilé d'une truite, sous quelle roche ou quelle souche elle se cachait, la fuite éperdue du fretin devant le brochet, les bulles crevant à la surface qui montaient de la vase où vermillaient les carpes. C'était pour eux un signe lisible, une parole vivante, aussi bien que l'empreinte la plus menue dans la glaise d'un chemin ou les coulées sous un buisson d'épines. Partageant avec les bêtes sauvages le même farouche éveil des sens, ils avaient appris à se déplacer avec une extrême discrétion, servis qu'ils étaient par la souplesse et l'agilité de leur adolescence.

Quand ils se trouvaient au cœur de cette nature à l'état brut et dont ils se pénétraient, ils se sentaient pleinement en accord avec l'existence obscure des bêtes et des plantes, d'autant mieux qu'ils étaient capables de se couler dans les fourrés les plus serrés et d'escalader toute espèce d'arbre avec une agilité et une rapidité étonnantes, privilège d'une enfance rustique, où le corps et l'âme, dans leur prime innocence, ne pesaient pas plus lourds qu'une plume.

Dans l'incendie qu'avait rallumé le soleil réapparu après l'orage au-dessus de l'horizon, Pierre observait, plongé dans une rêverie attentive, l'étendue vibrante du village et de la campagne qui l'enveloppait comme une écharpe de feuillages et de prairies, qu'il dominait de la cime du grand marronnier. Il suivait le planement majestueux d'un milan, qui tournoyait haut dans le ciel juste au-dessus de lui ; il distinguait le frémissement de ses rémiges sous la pression de l'air et les battements brusques de sa queue échancrée pour assurer son équilibre.

Quand la tignasse claire du Julien apparut devant lui dans la ramure feuillue de la cime, c'est à peine s'il l'avait entendu arriver, tant il avait grimpé dans un surprenant silence.

Salut Pierre! Salut Juliano! C'était le surnom que Pierre et ses frères donnaient au Julien, un surnom où se mêlaient à la fois de l'impertinence – pour faire étranger – et de la familiarité, mais une familiarité de bon aloi, simple, accoutumée, intime.

– Dis Pierre, si on allait à la pêche. Après cet orage, l'eau doit être bonne !

– Tu crois ? répondit Pierre, sortant de sa torpeur.

– Pour sûr, le ruisseau de Thuillières doit avoir monté et l'eau doit encore être trouble. D'ailleurs, j'ai fourragé dans le fumier et fais provision de vers, des beaux petits, tout rouges et gigoteux, juste ce qu'il faut pour la petite gueule des vairons...

C'est qu'il y en avait encore des vairons dans le ruisseau de Thuillières ! Les alevinages massifs de truite par la société de pêche de Darney n'avaient pas encore conduit à leur décimation !... C'était un précieux fretin, ce petit poisson, dont la chair fine et délicate faisait une délicieuse friture. Pêche facile pour les gamins, il faisait le régal de toute la famille, d'autant que bien grillé, il se consommait entier, avec ses arêtes. Vivant en banc compact, il se plaisait dans les eaux claires, courantes, riches en oxygène et s'y nourrissait surtout de larves d'insectes aquatiques, de petits crustacés et de vers.

Sortant tout à coup de sa rêverie, Pierre dit au Julien :

– C'est d'accord, on y va. Attends-moi, je vais chercher mes affûtiaux.

C'était un mot du grand-père – affûtiaux – qu'il employait pour désigner ses outils. Pierre trouvait ce mot plaisant et qu'il sonnait bien à l'oreille ; alors, il l'employait à tout bout de champ, pas toujours bien à propos d'ailleurs , car il s'en servait aussi bien pour qualifier ses affaires d'école – cartable, plumier, cahiers, crayons – que pour désigner son matériel de pêche...

Une gaule de roseau d'un seul corps (le ruisseau était si peu large), une soie fine, un bas de ligne de racine aussi mince qu'un cheveu, au bout un hameçon minuscule, c'était l'équipement parfait pour pêcher le vairon. Sur le bas de ligne, une légère plombée, car ce petit poisson se pêchait entre deux eaux. Un rond bouchon de liège peint en rouge, faisant fonction de flotteur, complétait l'attirail.

C'est en courant que Pierre alla quérir son matériel à la maison toute proche. Il en ressortit bien vite la gaule sur l'épaule, la musette en bandoulière, le bras droit passé dans l'anse d'un vieux pot à lait qui lui servait de seau à poissons. Par la rue Neuve, il accompagna le Julien jusqu'à chez lui, où l'attendait son nécessaire de pêche, impatiemment et minutieusement préparé : la gaule de roseau et la profonde musette de toile verte contenant le bocal de verre au couvercle métallique percé de trous où s'agitaient les vers de terre, la boîte à plombs (une vieille boîte de cachous), des bas de ligne de rechange et quelques bobines de fil de soie.

Cheminant sans la moindre hâte, nos deux compères empruntèrent le chemin de la Corvée, puis, traversant la rue de la Voye, ils prirent la rue de la Tuilerie. Ils arrivèrent bientôt à la forêt. Là, ils tournèrent à gauche, coupèrent la grande tranchée des Affouages et descendirent la sente forestière abrupte vers le vallon de Chèvre-Roche où coulait la Saônette, après avoir traversé la route goudronnée à hauteur des ruines du vieil ermitage, qui semblait, tout en haut de son énorme rocher, méditer misérablement sur son glorieux passé.

Plongeant dans la forêt sombre, où se mélangeaient feuillus et résineux dans un entrelacs harmonieux, ils parvinrent à la cascade de Chèvre-Roche. Là, la Saônette se jetait d'une hauteur de plusieurs mètres dans un profond ravin s'ouvrant sur une contrée où s'empilaient et se chevauchaient des blocs de rochers colossaux, creusant des labyrinthes et des cavernes que l'eau bouillonnante emplissait de sourds grondements.

Nos deux pêcheurs, s'écartant de la cascade infranchissable et qui faisait entendre son bruissement liquide continu sous l'immense étendue de la haute futaie, empruntèrent la rive gauche du ruisseau vers l'aval. Suivant un sentier en corniche, ils dépassèrent la chapelle et l'ermitage Saint-Antoine. Pierre éprouvait toujours des sentiments passionnés quand il parvenait en ces lieux, qui avaient connu au Moyen Age une intense vie érémitique. Un gigantesque arbre mort s'était écroulé au-dessus de la loge de l'ermite, dont la cime était encore retenue par les cimes voisines. Dans les branches nues et noires de cet arbre penché, un écureuil vola en un éclair blond et roux, comme un gros papillon. A la vue de cette merveille d'agilité et de légèreté, le cœur de Pierre s'illumina d'une belle émotion intérieure. Et c'est avec quelque regret qu'il quitta ces lieux qui l'enchantaient et qu'il aimait par-dessus tout pour rejoindre le Julien qui cheminait sur le sentier descendant en pente douce vers le ruisseau.

Quand il fut sur ses talons, le Julien lui dit :

– Qu'est-ce que tu foutais donc ? On n'est pas ici pour traînailler mon homme, mais pour pêcher !

– T'as pas vu l'écureuil au-dessus de la roche Saint-Antoine ?

– Non, et puis je m'en fous ! J'suis pas là pour chasser, mais, j'te l'dis encore, pour pêcher !

Pierre ne répliqua point, se contentant de soupirer discrètement. C'est qu'il ne pouvait jamais, au milieu de la forêt, se détacher de toutes ces choses qui sollicitaient si fort ses sens et captaient béatement son attention...

Ils arrivèrent bientôt à un endroit où le ruisseau torrentueux s'apaisait et prenait presque des allures de rivière. De plus en plus, de grands trous d'eau apparaissaient de proche en proche, séparés par des coulants d'eaux vives qui écumaient et éclaboussaient les cailloux et les herbes des rives. Ils s'arrêtèrent à hauteur d'une longue flaque aux bords de lumière caressée de reflets qui flottaient à la surface et répétaient son onduleux clapotis.

La place était bonne entre toutes. L'eau était trouble et bourbeuse à souhait, et, tout autour, l'espace d'herbes et de branches était bien dégagé pour permettre un maniement aisé des cannes.

De son coup d'œil infaillible, le Julien avait repéré dans l'eau peu profonde le frémissement d'un banc de vairons. On ne les voyait pas. On ne percevait sous la surface de l'eau qu'une agitation vibrionnaire, qu'un éparpillement de petits corps criblant l'onde ronde et frôleuse et qui se muaient en grains liquides, en impalpables ondulations.

Musettes à terre, Pierre et Julien se mirent sans tarder à pêcher.

Le Julien mesura avec sa gaule la profondeur du trou et, en fonction de cette mesure, l'emplacement des bouchons sur la soie fut minutieusement réglé et de telle sorte que l'appât ne raclât pas le fond.

Dans un ploc doux, le ver gigotant au bout de l'hameçon tombait sur la surface de l'eau, s'y enfonçait jusqu'à l'arrêt du flotteur qui se mettait à danser et à se dodiner. Tout à coup, il plongeait et ressautait par à-coups brusques, puis disparaissait : un coup de poignet bref et doux piquait l'hameçon dans la gueule du vairon, qui jaillissait hors de l'eau ténébreuse, éclat d'argent miraillé d'or, et que la main ouverte du pêcheur recueillait promptement. Vivement arraché de l'ardillon, le petit poisson frétillant allait rejoindre l'eau prisonnière du blanc pot de camp dans un floc douloureux. Un autre ver embroché sur l'hameçon, le jeu de pêche recommençait.

Déjà, le Julien était sûr de son coup d'œil, du choix qu'il faisait dans le trou d'eau pour poser sa ligne. Il avait déjà la patience des vieux pêcheurs, qui savaient attendre la touche décisive avant de ferrer, qu'ils ne confondaient pas, par excès d'empressement, avec les fausses touches. Son geste était juste et mesuré. Et quand une nouvelle touche noyait vivement le bouchon, il ferrait en douceur et amenait dans une courbe gracieuse le poisson incandescent vers sa main offerte. Une émotion mouillée imprégnait sa paume dans un ruissellement de gouttes argentées, et le bronze froid de l'hameçon, où béait une petite gueule engoulée, mordait ses doigts, qui déjà la déchiraient et l'arrachaient sans broncher du croc de l'ardillon.

Le pot de camp de fer blanc résonnait une fois encore, où commençait à s'amasser une importante friture.

Pierre n'avait ni la technique ni la patience du Julien. Chaque fois qu'une touche faisait piquer le bouchon dans l'eau, il ferrait. Ainsi, il manquait de nombreux coups. Ou bien, il tirait trop brutalement. Et un débris de chair ensanglantée, arrachée de la bouche d'un infortuné vairon, restait accroché à l'hameçon. Mais il n'en éprouvait ni honte ni regret. Il savait qu'il n'aurait jamais la patience de pêcher à la ligne, surtout à répétition quand il s'agissait de menu fretin. Il éprouvait cependant une joie paisible et un plaisir avivé d'émotion à pêcher, pas tant pour la quantité et la nature des prises que pour cette sensation de plénitude qui l'habitait lorsqu'il était au bord du ruisseau, bercé qu'il était par le chant de l'eau et envahi jusqu'à l'âme par le mystère, la fraîcheur et le silence de la forêt.

Le Julien pêchait en amont du trou, tout près du coulant d'eaux vives, où bouillonnait l'écume bleue des remous et où dégoulinaient des volutes d'or vif, qui s'écrasaient, s'éclataient et s'enroulaient sur les cailloux noirs.

Tout à coup, il vit son bouchon s'enfoncer brutalement et la soie de sa ligne filer sous les racines rougeâtres d'un gros verne qui se dressait sur la rive opposée. Il ferra d'un coup de poignet énergique. La ligne se tendit, le scion ploya et, tenant la gaule des deux mains, il s'arc-bouta, puis, d'une souple torsion du buste sur les hanches, il tira en arrière. Alors, il vit au bout de sa ligne, gigotant et miroitant dans le soleil, l'énorme éclaboussure d'or et d'argent d'une belle truite, dont les soubresauts frénétiques effleuraient la surface de l'eau. Et voilà que la soie s'était prise à des branches basses. Et voilà la truite fouettant de la queue, voltant et virevoltant dans tous les sens, son large ventre étincelant comme un bijou, ses nageoires ouvertes comme des fleurs rouges, d'où s'écoulaient des perles d'eau.

– Pierre, Pierre, viens vite m'aider, hurla le Julien.

Pierre posa sa ligne et accourut. Sans même se déshabiller, il entra dans l'eau qui lui arrivait à la ceinture. Il marcha vers la truite qui s'agitait toujours au bout de la ligne. Le Julien, par des mouvements alternatifs, à droite puis à gauche, venait de réussir à décrocher son fil de la malencontreuse branche de verne. Avant que Pierre n'atteignit la truite frémissante, le scion se redressa, brusquement libéré. Et le fil rompu se mit à flotter dans le vide, tandis que dans un grand floc la truite retombait à l'eau et disparaissait dans un remous dansant, faisant à la surface tournoyer de fugaces cercles concentriques.

Sans doute l'hameçon trop menu s'était-il à peine piqué dans le bourrelet des lèvres mais aussi et surtout, le bas de ligne était trop fin pour le poids de la bête !

Le Julien ne jura point, comme il était accoutumé de le faire quand un événement le contrariait. Il regardait Pierre, qui était sorti de l'eau et essorait les jambes de son pantalon. A la fois hébété et terriblement vexé, il s'était assis sur une grosse pierre plate en bordure du ruisseau, et il était là, immobile et silencieux, la tête dans les mains appuyées sur les genoux. Pierre vint près de lui et lui mit la main sur l'épaule, en lui disant :

– C'est dommage, hein, qu'on n'ait pas pu l'attraper cette truite, c'était vraiment un beau bestiau ! Mais ce n'est pas de ta faute tu sais et il ne faut pas te mettre martel en tête pour ça. C'était normal, tu étais monté trop petit...

Le Julien se redressa, regarda Pierre au fond des yeux et dit :

– Tu as raison Pierre, le crin de mon bas de ligne était trop fin et mon hameçon trop petit. Et puis, je n'aurais pas dû pêcher si près du coulant, c'est là que les truites quêtent leur nourriture, surtout quand l'eau est haute et trouble comme aujourd'hui. Mais sacrebleu, je l'aurai cette garce de truite, même si je dois y perdre mon temps et ma patience !

La lumière rasante du soleil crépusculaire dansait, s'éparpillait, se rallumait, s'éployait au ras du ruisseau, et brusquement s'éteignait comme un éventail que le soir refermait. On entendait du fond du vallon monter le mélodieux sifflet des merles, qui s'attardait comme un au-revoir. Et l'eau coulait toujours aussi vive, bruissait, clapotante et sifflante sur les pierres, cristalline sur les grèves de sable. Et le soir tout à coup creusait dans l'épaisseur de l'eau des profondeurs vertes et sourdes, où s'abîmaient les ombres allongées des arbres et les rêves des heures défuntes que le courant emportait vers l'oubli fécond des mers.

Le Julien n'avait pas eu le courage de réparer sa ligne. Et d'ailleurs, la friture était conséquente, puisqu'une centaine de vairons emplissait le vieux pot de camp ; c'était bien assez pour régaler les deux familles.

Son cœur se remettait lentement de sa violente et surprenante émotion et tapait à coups plus doux contre ses côtes. Dans sa tête, encore étourdie, l'assaillaient des mots qui n'avaient pu sortir de lui sur le moment : « Sacrebleu, quel bestiau... Mais je l'aurai, je l'aurai... »

D'avoir manqué cette belle pièce, par surprise et par hasard, le laissait ébaubi, estomaqué mais content. Et, en quittant le ruisseau, un sourire lui venait aux lèvres, qui avait le goût de la revanche.

Une semaine plus tard, après un orage providentiel, qui avait fait monter l'eau du ruisseau de Thuillières et l'avait troublé à souhait, le Julien attrapa la belle truite qui l'avait démonté à l'improviste. Quand il l'eut prise, il dit à Pierre qui l'accompagnait : « Tout de même, je l'ai eu le bestiau... » Et il éclata de rire !

Et le bestiau en question avait encore, bien piqué dans l'épaisseur de sa bouche, un petit hameçon pour menu fretin, auquel était fixée une petite longueur de crin fin comme un cheveu...

La maréchalerie

Dès l'entrée du village, elle s'ouvrait dans ce delta de rues croisant la route départementale de Darney à Neufchâteau. Elle s'enveloppait d'âcres odeurs de corne brûlée et de musiques d'enclume, s'agitait de chevaux et de chariots, retentissait de hennissements et de jurons.

La boutique accostait la maison d'habitation, une belle bâtisse à étages de sobre architecture. De hauts châssis vitrés crevant sa belle ordonnance de grès rose l'éclairaient sur trois côtés. De lourdes portes de fer servaient les entrées nord et sud. Un vieil acacia ombrageait la cour et, entre les bâtisses et la route, un calvaire de pierre grise, entouré d'un jardinet fleuri, veillait gravement sur le carrefour.

Quand Pierre, pendant les grandes vacances, venait passer un mois chez sa grand'mère Lydie à Provenchères, il était toujours fourré dans la boutique du maréchal, le père Alphonse, attiré par la magie de la forge où rougeoyait comme dans un antre obscur un feu luciférien.

Si les gens ne lui accordaient plus depuis belle lurette des facultés surnaturelles, si on ne disait plus de lui qu'il était le représentant sur la Terre de Satan et de Vulcain, si on ne lui reconnaissait plus le pouvoir inquiétant d'apprivoiser la foudre ou de guérir du haut mal, l'Alphonse restait l'artisan qui domptait le fer et le soumettait à sa volonté et à son art.

Mais indirectement, par nécessité et en raison de la nature des choses rurales, il tenait les paysans sous son autorité et martelait la cadence de leurs travaux saisonniers. Et il n'en restait pas moins vrai que son travail et son rôle dans la société villageoise l'imposaient à l'estime et à la considération des gens.

Dans sa cinquantaine souveraine, il était terriblement fort et robuste, l'Alphonse, avec son corps massif tout en muscles épais et ronds. Quand en été, manches retroussées, il forgeait une pièce sur l'enclume, l'énorme biceps de son bras droit se gonflait, saillait et roulait avec souplesse, retenu par l'arc bandé des tendons et souligné par le filet bleu dilaté de la veine humérale. Si ses bras étaient solides en os et en muscles, la poigne de ses mains était terrible et diablement rude. Les doigts étaient courts mais boulus et paraissaient incassables, la paume, large comme un battoir, était culottée et calleuse comme le fond d'un vieux chaudron, et le dos velu s'irriguait de veines rondes et violettes. Sur sa tête toute ronde, dont le sommet s'éclairait d'une légère calvitie et où les cheveux s'argentaient vers les tempes, l'Alphonse avait en permanence, bien enfoncée, une casquette noire de maréchal à la visière et aux brides vernissées, ornées de boutons dorés et dont le retroussis s'engluait d'un empois grisâtre. Deux yeux sombres sous d'épais sourcils noirs brillaient d'intelligence, de pétulance et de malice. Une moustache carrée, sous un nez droit et bien dessiné, disputait la lèvre supérieure aux poils touffus qui sortaient des cornets de son nez. Sur un fruste pantalon noir de velours côtelé, il revêtait un épais tablier de cuir lorsqu'il ferrait ou lorsque qu'il forgeait. Cela le protégeait des ruades et la bavette, qu'il relevait lorsqu'il martelait le fer sur l'enclume, le protégeait des battitures. Et il ne quittait sa cuirasse que pour aller à la soupe ou au bistrot de la mère Thiébaut.

Si l'Alphonse était le « maréchal-ferrant » attitré du village, et de quelques villages alentour, il était indistinctement forgeron, charron et menuisier, pour la bonne et simple raison qu'à cette époque, le même artisan assurait aussi bien le ferrage des chevaux que les travaux de la forge, le façonnage et la réparation des chariots et des outils aratoires, voire la fabrication des cercueils ou la vente et la réparation des cycles.

Toujours levé à l'aube, il allumait la forge dès son arrivée dans la boutique. Une poignée de vieux chiffons, de papiers froissés et de copeaux de bois faisaient l'affaire. Avec le gras du pouce, il actionnait la mollette de son briquet à essence, d'où jaillissait une flamme jaune qui embrasait le foyer. Il tirait le soufflet. Les braises de la veille reprenaient feu et rougeoyaient déjà en crépitant. Il chargeait le feu d'une belle pelletée de charbon qu'il puisait dans un grand bac en bois, et le souffle de la forge ronflait parmi les boulets noirs, et un jet de flammes bleues et orange pétillait, vivace et chaud, au centre du fourneau de briques réfractaires. Toujours tirant la poignée du soufflet, dont les plis de cuir de sa poitrine de bœuf se rassemblaient puis se détendaient comme un accordéon, l'Alphonse insufflait dans le foyer un souffle d'air, qui s'époumonait et grondait dans une respiration rauque et continue, qui attisait et soutenait l'intensité régulière de la flamme. Dès que le soufflet s'arrêtait d'haleter, elle retombait, morne et jaunâtre, lançant de brusques bluettes et des scintillements d'or.

Régulièrement, le forgeron nettoyait sa forge ; il en retirait les scories et les cendres, ainsi que les mottes de mâchefer. Les cendres servaient au potager, tandis que le mâchefer allait remplir les ornières des chemins.

Dès qu'il était réveillé, qu'il s'était débarbouillé et coiffé, et qu'il avait à la hâte avalé son déjeuner, Pierre traversait la rue en courant et se précipitait dans la boutique du père Alphonse, qui lui disait en le voyant arriver :

– Tiens, voilà mon apprenti ! Est-ce que t'as bien dormi mon homme ?

Pierre lui répondait qu'il avait dormi comme un sonneur. Et cela se voyait à sa mine reposée, à ses yeux emplis encore de nuit et à la rose mouillée de sa bouche.

– Tu veux au moins tirer le soufflet ? Tu sais ce matin, je vais avoir besoin de toi car j'ai beaucoup de chevaux à ferrer. Et il ne faudra pas mollir mon p'tit gars !...

Mais cela ne faisait pas peur à Pierre cette pleine matinée à tirer le soufflet, car il savait qu'après chaque ferrage il y avait un répit, et que l'Alphonse s'accordait quelques pauses pour s'enfiler deux ou trois canons au bistrot voisin de la mère Thiébaut, à l'invitation des cultivateurs.

Déjà, les lourdes bêtes de trait, en attente d'être ferrées, piaffaient, s'ébrouaient, s'émouchaient, attachées par une souple corde de chanvre à de frustes anneaux de fer scellés à hauteur de garrot dans le mur de pierres de la boutique ou sur de lourds et mobiles pavés de grès.

En été, l'Alphonse ne se consacrait au ferrage des chevaux que le matin, se réservant l'après-midi à la réparation des outils. C'était à la vérité un travail éreintant et dur, en raison de la chaleur rayonnante de la forge et qui donnait bigrement soif. Mais aussi, le tantôt, en raison de la canicule, les chevaux eussent été énervés et harcelés de mouches et de taons et se seraient montrés rétifs et dangereux !

Des chevaux alignés comme à la parade, émanaient des odeurs véhémentes et musquées de sueurs animales, de crésyl[1] et de crottin.

1. Goudron dont on enduisait le corps des chevaux pour éloigner les mouches.

La demande de ferrage ne variait guère selon les saisons. Même en hiver et par temps de neige, les chevaux revenaient souvent, quand les paysans débardaient ou voituraient du bois de chauffage. Les chemins empierrés et les roches de la forêt usaient vite leurs fers. Mais, en général, une ferrure tenait un bon mois.

Le ferrage était une opération à la fois rituelle et compliquée, parce que chaque fer devait s'adapter individuellement au pied du cheval et que pour chaque ferrure se répétaient les mêmes manipulations.

Par souci d'économie, le maréchal récupérait les fers usagés, qu'il reforgeait lui-même ; avec deux fers, rendoublés l'un dans l'autre il en faisait un nouveau, qu'il allongeait ensuite à la forge en deux chaudes.

Quand il manquait de fers, il les fabriquait à partir de barres coupées à la bonne dimension, qu'il n'avait plus qu'à forger, qu'à marteler, qu'à aplatir, qu'à arrondir et étamper sur l'enclume, dans une gerbe d'étincelles et un bouquet de tintements cristallins.

Par sécurité et par commodité, car c'était là le plus difficile et le plus délicat, le paysan tenait les pâturons de son propre cheval. Il en connaissait tous les défauts et tous les vices, et était mieux à même de prévenir ses ruades ou ses incartades. Si ferrer les pieds de devant exigeait de les maintenir pliés à l'aide d'une courroie passée dans l'anneau d'attelle du collier, le ferrage des sabots de derrière s'effectuait avec plus de facilité. Le « teneur » prenait appui contre la cuisse de la bête, bien campé sur ses jambes écartées, soulevait et maintenait le pied avec la courroie fortement enroulée et serrée dans ses mains.

Sa boîte à ferrer à portée de main, le maréchal travaillait constamment courbé, le ventre et les cuisses protégés par l'épais tablier de cuir, les reins ceints d'une large ceinture de flanelle grise, afin de mieux lutter contre les courbatures et les rhumatismes.

Tout d'abord, le maréchal débrochait le fer usagé et l'arrachait à l'aide des tricoises. Puis, tandis que le fer chauffait dans le feu de la forge que Pierre ravivait au soufflet, le couteau tranchant du rogne-pied, martelé à petits coups, rognait et nivelait la corne du sabot. La rénette curait le dessous du pied et la râpe en parait les côtés.

Le maréchal ne présentait le fer chaud que lorsqu'il prenait une couleur rouge sombre. Il s'en saisissait alors à l'aide de longues pinces à bouts plats et carrés (la lopinière), qu'il plongeait dans le foyer rougeoyant de la forge et l'ajustait de façon que le fer brûlant égalisât la sole sans en endommager la corne. Le pied fumait et grésillait, exhalant une odeur âcre de brûlé, qui s'éternisait désagréablement dans le cornet des nez et dans les fibres des vêtements.

Afin qu'il portât bien, il fallait parfois en corriger l'ouverture ou la courbure. Le fer était de nouveau déposé dans le charbon ardent de la forge jusqu'à ce rouge pivoine désiré. Alors la lourde mailloche le martelait sur l'enclume, le battait, l'aplatissait, l'arrondissait sur la corne, redressait le poinçon. L'Alphonse espaçait et rythmait ses coups sur le fer rouge de battures cristallines sur l'enclume, où la mailloche rebondissait et carillonnait allégrement.

Le fer refroidi dans l'eau, où il fumait dans un bouillonnement fugace, était mis en place et aussitôt cloué à l'aide du brochoir, un marteau double : une tête plane et une panne arrache-clous. Les clous à tête carrée étaient enfoncés dans la corne du sabot, qu'ils transperçaient. Le brochoir les repliait et le maréchal finissait le travail en coupant les pointes avec ses tenailles, après les avoir dégorgées. Un coup de lime sur chaque extrémité terminait le ferrage et donnait « le fil d'argent » : la main ne devait pas sentir le pointu du clou à la caresse du sabot.

Les pieds étaient généralement ferrés deux à deux pour ne pas déséquilibrer la marche du cheval. D'ailleurs, l'Alphonse regardait toujours s'éloigner la bête qu'il venait de ferrer afin de vérifier, en observant son amble régulier, si l'ouvrage était de bon aloi.

L'appréciation d'un juste ferrage s'observait par la façon dont le fer était broché sur le pied : il devait déborder légèrement à l'extérieur pour mieux mordre dans la glèbe grasse, sans toutefois dépasser trop à l'intérieur pour ne point meurtrir les pâturons.

En fonction de l'état du sol, de l'emploi, des défauts et des particularités des chevaux, l'Alphonse était amené à adapter différentes techniques de ferrage. Par temps de neige, les débardeurs et voituriers professionnels lui amenaient leurs chevaux pour qu'il les ferrât à glace, afin d'éviter les dérapages et les embardées, il laissait alors la tête des clous dépasser de la semelle du fer. Mais c'était là un travail exceptionnel, car les chevaux de trait ordinaires ne sortaient guère de l'écurie lorsque la neige ou le verglas encombraient les chaussées.

L'Alphonse était un artiste comme maréchal-ferrant. Il savait savamment adapter à tous pieds des fers couverts ou épais, des fers dégagés ou étroits, des fers à pince tronquée pour les chevaux qui forgent, des fers à glace, à crampons ou à éclisses, des fers à la turque pour protéger des coupures, des fers à pantoufle pour les hongres ou les chevaux entiers, des fers à la marchande pour les limoniers ; tous fers comme des ailes aux pieds des pégases campagnards, qui sonnaient mélodieusement sur les routes et les chemins.

Il lui advenait enfin de ferrer quelques rares bœufs de peine, d'ailleurs appartenant surtout à des débardeurs de bois. L'Alphonse n'aimait pas ce travail, qui était ingrat et délicat et qui requérait du maréchal une grande maîtrise et une attention soutenue, car le bœuf a peu de corne. Ces jours-là, il n'était pas à prendre avec des pincettes. Pierre le savait bien, qui tirait sagement le soufflet et évitait de se trouver dans ses jambes. Ce qui n'empêchait pas l'Alphonse de manifester bruyamment l'assombrissement de son humeur par des jurons explosifs, maudissant tous les bœufs de la terre. « Sacrebleu, qu'est-ce qui m'a foutu des bestiaux pareils ? Bondiou de bondiou, quelle carne !... »

C'est que le ferrage d'un bœuf n'avait rien à voir avec le ferrage d'un cheval. Et le pied, et le fer, et les clous étaient différents. Chacun des onglons était recouvert par un fer qui en épousait la forme, et dont le large pinçon au bout arrondi débordait à l'extérieur.

Quand la séance de ferrage était terminée, Pierre aidait à balayer la cour, ramassant séparément les chutes de clous, la corne et le crottin, tandis que le père Alphonse, écarlate et tout trempé de sueur, dégustait son canon de rouge au bistrot de la mère Thiébaut. Les débris métalliques remplissaient un bidon à destination du ferrailleur et la corne était stockée dans un autre bidon pour être vendue au marchand de lapins. Quant au crottin, Pierre y prélevait sa dîme pour fertiliser les fleurs de sa grand'mère Lydie.

Quand il quittait la maréchalerie, l'apprenti forgeron avait les mains noires et sa figure était toute mâchurée de poussière de charbon, dans laquelle le blanc de ses yeux et la jade de leur iris paraissaient plus vifs et plus brillants. Avant de se mettre à table, il allait se laver les mains et se débarbouiller à l'imposante fontaine couverte qui glougloutait de l'autre côté de la route départementale, au débouché de la route du Bambois.

Et quand il s'asseyait autour de la table, il émanait de lui des effluves de forge et de corne brûlée, ce qui faisait dire à la grand'mère : « Dis donc mon cochon, tu ne sens pas bien bon... » Pierre ne répondait rien et s'empressait de dévorer avec un appétit de loup la délicieuse potée au lard qui fumait dans son assiette.

L'activité de la maréchalerie n'occupait pas tout le temps notre Alphonse et ne constituait pas tout le travail de son artisanat. Il se multipliait en mille travaux de forge, de menuiserie, de charronnage et de ferronnerie. Sur son énorme enclume fichée dans son billot, il battait le fer à tour de bras et son marteau tintinnabulait, allègre et infernal, façonnant les pièces les plus minuscules comme les plus grosses. Il effilait les socs et les coutres, brasait les faux, aiguisait et trempait les pics et les pioches, rechargeait les houes et les fossoirs. Il charronnait charrettes et chariots, en fabriquant lui-même les roues et les bandages. Et toute l'année, selon les travaux des saisons, il réparait les outils et les machines agricoles : au printemps et à l'automne les charrues et les herses, en été, les faucheuses, les faneuses, les râteleurs et les moissonneuses-lieuses.

La maréchalerie constituait un merveilleux lieu de rencontre où se côtoyaient et se retrouvaient les paysans des environs. Et leurs conversations allaient bon train, en attendant leur tour de ferrage. D'aucuns évoquaient lcur jeunesse, s'enquerraient de la santé d'un tel ou d'un tel, d'autres parlaient des temps difficiles ou de l'état des récoltes. On s'interpellait, on blaguait, on s'esclaffait, on se tapait sur l'épaule et on riait. Et souvent, pendant que le fer rougeoyait dans la forge, on allait se réchauffer le cœur devant un verre d'apéritif ou un canon de rouge au bistrot voisin. L'activité de la maréchalerie fournissait l'essentiel de la clientèle de la mère Thiébaut. D'ailleurs, quand l'Alphonse prit sa retraite et qu'il ferma sa boutique, le bistrot périclita et fut vendu.

Pour Pierre, ce lieu remuant de paysans et de chevaux, encombré de chariots et de machines agricoles, était un lieu privilégié où s'exprimait et se condensait la vie des campagnes de son époque. Et il ne perdait pas une miette des paroles qui s'y disaient comme des travaux qui s'y effectuaient, qui forgeaient et brasaient la mémoire de son enfance.

Quand il n'était point occupé à la boutique par quelque tâche subalterne, il se mêlait aux jeux et aux ris des filles de l'Alphonse. Un couple de colombes, symbole de tendresse et de pureté, roucoulait dans sa cage à l'arrière de la maison. Déjà! les garçons du village tournaient autour des jouvencelles, et notre apprenti maréchal voyait se former des paires électives : Josiane et Claude, Josette et Pierre... que l'avenir souderait dans la fusion du mariage !

Innocent et candide, Pierre se sentait le cœur attendri quand son regard croisait le regard si clair et si doux d'Anne-Marie. Pour imiter les plus grands, il imaginait secrètement qu'elle était sa « bonne amie » : rêve et chimère de l'enfance aux mains pleines...

Un jour, enveloppé d'âcres odeurs de musc et de corne brûlée, se ferma pour toujours la maréchalerie du village. La cour, où se dressait toujours le vieil acacia, se vida des chevaux et des chariots d'antan, si fabuleusement vivants et bruyants.

Comme un reproche immobile et éternel, le Christ sur sa croix de pierre semble aujourd'hui rêver farouchement de hennissements et de jurons...

Les puits et les fontaines

L'enfance de Pierre fut bercée par les transparences profondes et abyssales des eaux que les puits et les fontaines de son village retenaient dans leurs cages de pierres.

Courantes et vives, ces eaux délivrées de leurs cachettes d'argile, emprisonnées provisoirement dans des conduites de terre cuite, jaillissaient de la gueule de griffons de laiton des fontaines publiques. Et elles laissaient s'élever cette mystérieuse fluidité qui faisait d'elles rosée de rose, cristal de roche, perle des neiges...

Baptismales, bénites, oiseleuses, éphémères, croupissantes, elles éblouissaient l'enfantement du jour, conjuguaient les chants de la plume et de la fleur, débordaient de la poreuse limpidité de l'aiguière comme une résurgence du cœur des rocs, faisaient remonter le rêve obscur assoupi dans la respiration des profondeurs. Et toutes ces eaux des puits et des fontaines vivaient, s'écoulaient, sourdaient, jaillissaient, dérivaient, au rythme de la mécanique des orages et des planètes.

Puits ! Quelle flaque profonde, glauque, fraîche, sonore ! Quel écho forant en tournant la terre obscure, jusqu'à l'eau glacée et le silence endormi entre ses pierres moussues, où éclosaient les rouges géraniums, quand le seau d'argent chutait à toute vitesse dans le sifflement crissant de la chaîne et l'affolement grinçant du treuil !

Sous un portique abrité de tuiles rondes et décolorées, il y avait l'ombre givrée de la margelle creusée d'un sillon en demi-lune, et là-bas, au fond, tout au fond, un palais, un labyrinthe, un antre habité de nuit et d'émeraude, grognant comme une bête des ténèbres lorsqu'une pierre blessait la paix de sa surface. Quand Pierre y plongeait le regard, il pensait que l'obscurité s'y avançait et y demeurait avec la corne livide de la lune et les étoiles inconstantes, qui dansaient et mouraient dans son miroir. Par jeu, il y jetait des cris graves et prolongés, qui descendaient entre le muraillement et remontaient, adoucis et multipliés, en échos d'où sa voix s'échappait vers le mystère et s'en allait au loin, sur l'autre rive par des chemins crépusculaires et magiques.

Souvent, il se penchait sur la margelle velouteuse, enfonçant la tête dans la bouche du puits pour apercevoir le monstre mythique aux tentacules de pieuvre et aux chélicères d'araignée, gardant l'entrée du labyrinthe, ombreuse de miasmes et noyée de glaucescences. Mais ses yeux ne percevaient toujours qu'une belle eau morte, haute des dernières pluies, dans sa rumeur sanglotante qui tant le fascinait et l'attirait. Dans la sécheresse brûlante du grand été ou dans la rigidité cristalline d'un plein hiver, combien de seaux Pierre avait-il tiré du puits de la rue Neuve ? Cela n'avait jamais été pour lui une corvée, surtout lorsque sa bouche assoiffée haletait à la surface du seau, dont il voyait le fond danser au travers de l'eau transparente, moirée de vifs éclats de lumière.

Les fontaines fascinaient l'adolescent bien plus encore que les puits. Sans doute parce que l'eau à la gueule des robinets jaillissait nuit et jour, été comme hiver, répondant aux appels clairs de la vie, puis s'amassait et se reposait dans la triade de ses réservoirs successifs qui scintillaient de luxuriances immobiles.

Si le soleil faisait éclater le cristal brisé de l'eau jaculatoire en un feu d'artifice de gouttelettes lumineuses, il pénétrait l'eau épaisse des bassins qu'il éclairait du dedans, y construisant des jardins et des palais frémissant de beauté, de fraîcheur et de grâce.

Si Pierre aimait à faire flotter et naviguer à la surface de l'eau les bateaux de bois qu'il construisait de ses mains, il aimait aussi des heures durant contempler en extase les métamorphoses du ciel et de la lumière qui s'y opéraient, ensorcelées par sa délirante imagination : les aurores bleues et or, fraîches comme une rosée, les étés de fièvres fauves tombant d'un ciel d'outremer, les hivers secs et rudes, qui transformaient les fontaines en verrières de silence et de glace.

Lorsqu'il était en liberté conditionnelle du collège, les grandes vacances ramenaient Pierre à ses fontaines, à cette eau vibrante et immobile, où il redécouvrait avec délectation son merveilleux passé de gamin libre et sauvage.

Mais plus prosaïquement, il retrouvait sur les pierres des fontaines les traces rustiques des bêtes domestiques qui y venaient boire : poils blancs ou roux des vaches, crins bais, noirs ou argentés des chevaux, avec sur le bord des bassins cette patine ronde et onctueuse de sébum animal déposée jour après jour par les pelages et les fanons, les cuirs et les ganaches. Et tout autour, dans la terre grasse et noire, fourrée de bouses et de crottins, les empreintes qui se chevauchaient des onglons et des sabots.

Par les soirs dorés de l'été embaumés de chèvrefeuille, qu'il était doux de regarder les troupeaux opulents de vaches pie-rouge paisiblement et lentement se rendre aux abreuvoirs, carrousel tumultueux de bêtes tutélaires aux frontails fumants, cahotant dans le balancement irrégulier de leurs croupes luxuriantes, rythmé par le pendule des queues empanachées de touffes claires. Et les gros mufles aux naseaux dilatés se posaient sur le miroir de l'eau, doucement, humblement, respectueusement, où étincelait le soleil mouillé et renversé du soir, d'améthyste et d'argent. Et là, au plus clair et au plus frais de l'eau ombreuse, les grosses gueules roses pompaient, avec lenteur et délectation, la neige liquide qui ruisselait bruyamment dans leurs gorges altérées en bouillons cristallins, éteignant l'incendie intérieur.

Quel modeste mais vital plaisir quotidien près des réservoirs lorsque, dépouillés de leurs harnais de peine et libérés d'une longue après-midi dans la campagne brûlante, les lourds chevaux accouraient se désaltérer. Leurs bons doux mufles pommelés, gonflés de vapeurs tièdes, se régalaient avec gourmandise, mais sans impatience, de cette eau poudreuse au goût de mauve et d'oseille, qui descendait dans leurs gorges en borborygmes haletants et graves avec des glouglous de succion et de déglutition. Et quand ils s'en retournaient vers leurs écuries où les attendaient litière fraîche et picotin d'avoine, ils gambadaient joyeusement et ruaient des quatre fers, libérant en même temps bigrement leurs ventres de leurs flatuosités. Alors leurs pets explosaient, pétaradaient, tonitruaient, crevant l'espace silencieux, s'éternisant puis se perdant du côté des collines où le couchant incendiait l'horizon sans vent, lourd de fruits roses, très roses... On aurait dit des écoliers au moment où l'instituteur donnait le signal de la récréation ! Ces lourds et laborieux chevaux de force retrouvaient tout à coup leur innocence de poulain, quand ils baignaient encore dans un bonheur sans nom, un bonheur universel, qui leur faisait contempler les hommes fraternellement. Mais aujourd'hui, ils étaient devenus leurs esclaves. Pour eux, point de jeudis, point de dimanches, rien que cette chaîne d'obligations fatales, sans autre morale que celle de leurs maîtres, rien qu'un amour sans rite, parfois de l'amitié, n'ayant qu'un jeune poète en herbe pour véritable ami...

Sauf en hiver, qui transformait les fontaines en icebergs, les lavandières villageoises se rendaient au lavoir de leur quartier pour y effectuer cette corvée peineuse de la lessive. Le purgatoire de leurs grand'mères était du passé, qui consistait à faire tremper dans un cuvier le linge à laver, qui était saupoudré de cendres tamisées aux vertus saponifiantes. L'aïeule de Pierre utilisait encore cette méthode pour les draps très sales, particulièrement les draps d'un malade ou pour les vêtements d'arrière-saison, généralement pluvieuse, qui les maculait de boue terreuse lors de l'arrachage des betteraves et des pommes de terre. Déjà, elle n'utilisait plus de charrée, s'étant ralliée à l'usage de la lessive en paillettes, sans doute plus onéreuse mais plus efficace.

Quand le linge avait bouilli dans la grande lessiveuse emplie d'eau additionnée de lessive, elle le chargeait sur une brouette et se rendait au lavoir. Comme cette lessive embaumait la petite cuisine, quand elle bouillonnait à gros bouillons, chuintant et sifflant comme une machine à vapeur, soulevant le couvercle de la lessiveuse par à-coups brusques et crachant une salive jaunâtre où crevaient de grosses bulles effervescentes. Ce qui faisait rêver Pierre à ces bulles d'air et de savon, cristal ou larme aux facettes si merveilleusement irisées, que sa bouche d'enfant avait fait s'envoler d'un chalumeau de paille...

Les vitres de la fenêtre s'embuaient et les vieilles boiseries se recouvraient d'une moiteur de fines gouttelettes, tandis que l'air que l'on respirait devenait âcre et suffocant.

Les jours de grande lessive, généralement au printemps, les lavoirs du village s'agitaient, caquetaient, gloussaient comme une volière.

Tandis que les battoirs battaient, fouettaient, fessaient le linge avec une belle énergie sur les plans durs des bassins, les bavardages allaient bon train. Si la voix de stentor de la grande et grosse Marguerite, la plus cancanière de toutes, dominait la jacasserie générale, la petite Marie taillait une bavette avec sa voisine, tandis que l'Eugénie faisait l'importante, se rengorgeait, tout en confiant *mezza voce* les derniers potins du village, les plus graves et les plus indiscrets, ceux qu'on ne pouvait surprendre que dans le secret des poêles ou l'obscurité des alcôves... Et les voix nasillardes ou pinchardes des commères colportaient aussi bien les bonnes nouvelles que les calomnies, faisaient et défaisaient les réputations. Mais certaines, comme la Mathilde ou la Jeanne, restaient sur leurs réserves, car elles savaient tenir leur langue et n'aimaient pas les gens qui bavardaient. Et comme elles étaient les doyennes des laveuses, elles intervenaient pour calmer les plus médisantes ou les plus lestes. On les écoutait, et tout à coup le caquetage s'apaisait, s'adoucissait et prenait alors le ton décent d'un ramage ou d'un babillage. Elles leur disaient, comme pour leur donner une leçon à ces écervelées ou à ces jalouses : « Il faut se réjouir et non envier le bien qui arrive à son prochain », ou bien : « Vaut mieux se fier à ses yeux qu'à ses oreilles », ou encore : « La vanité est mère du mensonge... » Enfin, pour clouer le bec à la grosse Marguerite, qui faisait la bourgeoise et qui toisait si hautainement ses semblables, la Mathilde leur disait : « Les vaches qui remuent tant la queue, ce ne sont pas elles qui donnent le plus de lait... » Et toutes de s'esclaffer et de pouffer de rire, tandis que l'adipeuse Marguerite pâlissait et piquait du nez sur le drap tire-bouchonné qu'elle frottait rageusement avec un gros morceau de savon de Marseille, ravalant amèrement son humiliation, qui l'emplissait d'une froide rancœur et la faisait nerveusement déglutir...

Mais tout compte fait, la lessive au lavoir public était l'occasion pour les femmes du village de se retrouver et de cultiver ainsi une convivialité simple et franche, parfois conflictuelle ou farouche, mais néanmoins nécessaire à l'émergence de ce sentiment confus et profond d'appartenance à une communauté, à un village, à son village.

Les jeunes côtoyaient les plus âgées, la bonté rivalisait avec la méchanceté, la générosité comblait l'avarice, la sagesse enseignait à la bêtise. Et cela faisait un petit monde animé, qui n'était sans doute pas idéal, mais qui était, comme le destin des hommes, à la fois si banalement humain et si généreusement vivant.

Battu, savonné, pétri entre les mains des lavandières, des mains grassouillettes ou étiques, des mains douces ou calleuses, des mains opulentes ou ridées, le linge finissait dans le rinçoir, où des perches de bois supportaient les immenses draps de lit, pareils à des linceuls. Selon que le linge flottait ou se gonflait sur l'eau, selon qu'il coulait ou qu'il surnageait, les vieilles y voyaient des présages bénéfiques ou funestes. Ainsi, le drap d'un malade qui coulait au fond du rinçoir était un mauvais signe et pouvait augurer d'une issue fatale...

Quand, dans leur adolescence ils en avaient le loisir, Pierre et Julien, parfois le Pierrot, se faufilaient derrière le mur de vieilles pierres qui se dressait en contre-haut de la fontaine de la rue Neuve. Là, silencieux et bien dissimulés par le fouillis d'une épaisse haie de noisetiers, leurs yeux et leurs oreilles ne perdaient pas une miette de cette assemblée de femmes et de filles au lavoir, qui jacassaient librement et livraient à l'envie des jeunes mâles, dans leur posture penchée, qui une croupe plantureuse, qui le sillon ombreux et velouté d'une gorge, qui sous la mousse dorée de cheveux bouclés, les prémices d'une nuque bleue laissant deviner une échine d'osier. Et si les galopins étaient attentifs à tout ce qui se disait, ils s'enjouissaient du remuement troublant de seins jumeaux, ébranlés par deux bras énergiques, du tumulte de cheveux fous d'une brunette au front de neige, ou de la lisière aurorale d'une petite culotte de dentelles plissant sur une fesse opaline et dodue...

Un jour que Pierre revint du collège, il eut l'amère surprise de constater que toutes les fontaines du village avaient disparu. Envolées, volatilisées, évaporées. Rasées, effacées, escamotées !

Pourtant chaque quartier avait sa fontaine: la rue Neuve, la place du Château, le milieu du village, et le bas en avait même deux. Partout l'eau était abondante, qui ne se tarissait pratiquement jamais, même si, au cours d'étés particulièrement secs, certaines ne laissaient plus s'écouler qu'un mince filet d'eau, et encore cela était-il dû à un mauvais entretien des conduites. Vitale aussi bien que l'air, cette eau généreuse coulait gratuitement nuit et jour, été comme hiver, pour le bien-être des hommes et des bêtes. Il faut dire que les collines alentour dessinant l'arête des Monts Faucilles étaient un intarissable château d'eau, au pied desquelles mille sources perlaient, suintaient, jaillissaient, que les hommes avaient pour leurs besoins captées dans leurs cages de pierres.

Bien qu'elles n'eussent été ni monumentales ni artistiques, les fontaines du village révélaient une beauté rustique, élémentaire, pittoresque dans la triade de leurs réservoirs de pierres taillées : abreuvoirs, rinçoirs, lavoirs. Une beauté évoquant par leur musique cristalline la trilogie des odes de Pindare : strophe, anti-strophe, épode. Une trinité minérale symbolisant à travers l'eau, principe de vie, la volonté, l'amour et l'esprit. Modestes par leurs dimensions, elles se dressaient à ciel ouvert, fières et robustes, pimpantes et gaillardes, comme des miroirs enchâssés de grès et où se métamorphosaient les ciels et les soleils, les nuages et les pluies, les neiges et les frimas. De lourds piliers carrés surmontés de chapiteaux moulurés ou cannelés, parfois agrémentés de vasques de bronze d'où cascadaient des grappes de joubarbe, surgissaient de frustes robinets de laiton qui chantepleuraient un courant d'eau continu et qui s'enfonçait dans un fracas mélodieux de perles éclatées à la surface d'un prime réservoir.

Les hommes avaient coupé l'eau des fontaines pour procréer un syndicat contre-nature, installant dans chaque foyer un compteur propre à mesurer la consommation d'eau et à procurer ainsi aux communes des sources de revenus ! Misérable et cynique société, matérialiste et usurière, qui bientôt trouvera le moyen de faire payer aux hommes l'air qu'ils respirent et le soleil qui leur donne la lumière du jour. Et pour quand dans les pâtures un anémomètre-compteur sur les dernières éoliennes pour mesurer la consommation du vent ?

Mais où s'étaient en allées ces eaux disparues autour desquelles s'écoulait la vie ? Où s'étaient envolées toutes ces lavandières ? Où s'étaient échappées toutes ces bêtes domestiques ? Et où s'étaient exilées ces belles et jeunes nymphes qui se baignaient, nues, les nuits de pleine lune dans ces bassins d'eaux claires et ardentes, poursuivies et enlevées par les satyres aux pieds de bouc ?

Il ne reste de ces puits et de ces fontaines pas même un souvenir de pierre. Seuls se meurent des lieux abandonnés des mânes et des dieux, où se déchire la terre parsemée d'aires pouilleuses et d'herbes stériles.

Un étrange vélocipède

Flamboyante et caniculaire, cette après-midi d'août recouvrait le village d'une oppressante chasuble de feu. Un soleil en délire carillonnait dans un ciel blanc de sable ses notes d'or écarlates, qui se perdaient en frissons violets dans l'ombre lourde et silencieuse du grand noyer, où Pierre somnolait, rêvant un rêve immense de fleurs indéfinissables, de vagues roses de soie mouchetées de noir et de vermillon, d'un bouquet d'allumettes comme autant d'étoiles filantes frottées de phosphore et de grenat...

Badading ! Badadong ! Badading ! Badadong !

Cela venait de Lignéville, cette bacchanale mécanique, qui fit sursauter Pierre et le fit se redresser sur son séant, arraché tout à coup à sa torpeur ! Cela se rapprochait à grande vitesse avant de déboucher dans la rue Neuve.

Badading ! Badadong ! Badading ! Badadong !

Mais quel était ce barouf métallique, ce tintamarre, ce bastringue qui claquait et battait sur la petite route goudronnée ?

Pierre n'eut que le temps de descendre à la hâte les escaliers du potager pour voir passer devant lui, dans un nuage de poussière, un bien curieux équipage, qui déjà s'éloignait vers le village dans un tam-tam assourdissant.

Il reconnut au passage l'Antoinette sur son vieux vélo rouillé, dont les jantes, sans pneu ni chambre à air, pétaradaient et chuintaient atrocement sur l'asphalte grossièrement gravillonné et truffé de nids de poules !

Et l'Antoinette pédalait avec énergie : et le pédalier grinçait, et la chaîne craquait, et les moyeux piaulaient. Droite comme un i, elle moulinait, moulinait tout en force, l'Antoinette, ses énormes cuisses dénudées et bronzées s'enfonçant à droite puis à gauche, dans un lent et puissant mouvement de bielle, tandis que ses pieds pataulds écrasaient les pédales...

Bientôt, elle disparut à la vue de Pierre et, avec elle, l'étrange vélocipède qu'elle chevauchait, dont le boucan assourdissant diminua peu à peu et s'éteignit au bout de la rue Neuve.

Longtemps Pierre resta là, au milieu de la route, abasourdi et bouche bée, se demandant s'il n'avait pas rêvé !

Sur la campagne verte violemment, jusqu'à l'horizon sans fin, s'éployait un ciel immense et fou, d'un indigo ardent, où pétaradait le soleil : Badading ! Badadong ! Badading ! Badadong !

Quand on tuait le cochon

« Tout est bon dans le cochon, du frognot à la queue !... » s'exclamait le grand-père lorsqu'il se régalait de cochonnailles ou qu'il lampait avec grand bruit la fameuse et traditionnelle soupe au lard !

C'était bien vrai que tout était bon dans le cochon, de son groin rondelet à sa queue en trompette, selon le vieux dicton qui assurait : « On ne perd, dans un cochon, que son cri... »

Les hommes ont de tout temps nié les qualités du cochon qu'ils avaient affublé des pires défauts. Ne disait-on pas qu'il était bête, sale, vicieux, parfois anthropophage ? Ne l'accusait-on pas de croquer à l'occasion bébés et marmots ? Il n'empêchait que, naguère, il constituait l'essentiel des viandes consommées dans le village. C'est pourquoi « tuer le cochon » obéissait à un rituel profane quasi magique et donnait lieu à des agapes pantagruéliques, qui s'accompagnaient de retrouvailles entre parents et amis.

C'était une bien étrange bête que le grand-père élevait chaque année dans ce réduit à l'arrière de la haute maison de pierres, sous le vaste hallier aux planches disjointes bourré de bûches et de fagots soigneusement empilés ! Il était laid mais sympathique, difforme mais affectueux, cet artiodactyle, archétype des suidés qui, depuis des siècles, vivait en commensal dans la maison des hommes jusqu'au moment de son immolation afin de garnir leur table et de remplir leur panse de délicieuses et réjouissantes mangeailles.

On comprenait mieux qu'il fût dénigré, détesté, moqué, ce pauvre cochon, afin de soulager les mauvaises consciences des hommes qui ne devaient pas se noircir de remords lors de son trépas, et afin de mieux se régaler de sa dépouille. Ô cruelle ingratitude des gens, dont les ventres pleins n'avaient plus d'yeux ni d'oreilles...

On ne pouvait pas dire que Pierre le trouvait beau, ce pachyderme gros et gras, espèce d'énorme boudin recouvert de soie, au cou bref et fort, ramassé près de terre sur quatre pattes chaussées d'onglons, dont les médians avaient la forme de sabots. Par l'abattant en bois de son auge, Pierre voyait se dilater comme une trompe son groin rose, rond comme une pleine lune, dont les fentes toujours humides soufflaient et reniflaient, son groin qui quémandait sans cesse quelque friandise, tandis qu'il poussait des grognements rauques et implorants. Ses petits yeux chafouins, vifs et intelligents, vivaient et luisaient dans les puits vrillés de ses orbites que masquaient de grandes oreilles flasques lorsqu'il plongeait la tête dans son auge. Souvent Pierre venait rendre visite au cochon du grand-père. Il aimait à le gâter de pommes qu'il soustrayait en douce dans le fruitier. Le cochon le reconnaissait au simple bruit de son pas et déjà son groin s'impatientait et soufflait derrière l'abattant, bien avant qu'il ne lui donnât à croquer les fruits ronds et tendres. Il les prenait délicatement dans sa gueule entrouverte, fleurie de roses et armée de dents, puis redressait la tête et ses puissantes molaires les écrasaient avec délectation, tandis qu'il bavait de plaisir et que ses petits yeux ourlés de cils diaphanes clignaient vers Pierre, pleins de tendresse et de reconnaissance. Alors, comme pour marquer les liens d'amitié qui l'unissaient à l'animal, l'enfant lui grattait la tête entre les oreilles. Ses ongles s'emplissaient de squames légères et micacées, tandis que le porcin se prêtait de bonne grâce aux gratteries et grognait de satisfaction.

Dans sa petite tête d'enfant, Pierre donnait des noms aux cochons du grand-père : Ronchon, Grognon, Soyeux... des noms qu'il tenait secrets et qu'il ne prononçait jamais devant les grandes personnes qui se seraient méchamment moquées de lui. C'est que le grand-père et la grand'mère n'auraient pas compris que l'on cédât à la sensiblerie pour un vulgaire cochon ! Mais quand il était seul et que personne ne pouvait l'entendre, il appelait doucement l'animal, qui accourait à l'abattant de son auge et semblait répondre à son nom : Ronchon, Grognon, Soyeux...

Pierre adolescent aidait le grand-père dans les préparatifs qui préludaient à l'exécution du cochon condamné à mort. Cela se faisait habituellement en période de froidures, lorsque le travail des champs accordait aux paysans une rémission après l'effort. Les vendanges étaient depuis longtemps consommées ; la cuve qui avait servi à fouler le raisin attendait, qui avait été copieusement abreuvée et soigneusement récurée, car elle allait être de nouveau utilisée pour tuer le cochon et faire fonction de saloir. Le jeudi après le catéchisme, Pierre aidait le grand-père à aiguiser les couteaux, ces grands couteaux à lames fixes, à trancher, à dépecer, à découper, ces couteaux aux pointes effilées, aux lames usées et dont les manches de bois patiné s'ornaient des yeux d'or des rivets.

A l'arrière de la haute maison de pierres, sur son mastoc bâti de bois brut, se dressait l'énorme meule de grès blanc. Une fruste manivelle de fer, bloquée en son centre par des coins de chêne, en permettait la rotation ; son axe se prolongeait sur le palier creux du bâti noirci et englué de cambouis. Le lancement de la lourde meule demandait à Pierre un violent effort mais lorsqu'elle avait atteint sa vitesse utile que lui indiquait le grand-père, l'effort était moindre, sauf quand l'aïeul affûtait un couteau neuf dont il appuyait fortement la lame sur la pierre en mouvement. L'adolescent devait alors mobiliser toute son énergie, saisir la poignée à deux mains et s'arcbouter sur ses petites jambes musclées et bien plantées sur le sol. Au-dessus du bâti, une vieille boîte de conserve percée d'un trou et suspendue à un hausset rudimentaire, faisait pisser un mince filet d'eau qui mouillait régulièrement le grain fin de la meule. Le gros cylindre de pierre tournait en cahotant sur son châssis, qui grinçait et craquetait, tandis que la lame bleu-noir du couteau, tenu des deux mains par le grand-père, chuintait plaintivement, émoulée par le grès tendre, chassant devant elle un bourrelet d'eau cristalline.

Lorsque le tranchant souhaité était obtenu, l'aïeul l'émorfilait avec sa pierre à aiguiser et en éprouvait le fil sur le gras de son pouce. Le tranchant luisait alors, livide et redoutable, qui remplissait tout le corps de Pierre de frissons d'effroi...

Sollicité par avance pour être l'exécuteur du cochon gras voué à une mort fatale, le Jean Riondé officiait tôt dans la matinée, quand le jour blême et sale de novembre semblait agoniser sous un ciel gris, morose et grave, qui se confondait avec la terre exsangue et noire, dépouillée des ors flamboyants de l'automne.

S'il avouait parfois son peu d'enthousiasme à remplir cette fonction de « tueur de cochons », le Jean prenait sur lui et s'appliquait sérieusement à faire son office le mieux qu'il pût techniquement. Avec l'habitude et l'indifférence de la routine, il était devenu un tueur sûr, endurci et habile, qui tuait la plupart des cochons du village.

A jeun depuis la veille, la victime vivante, offerte en sacrifice aux hommes, attendait dans son étroit réduit.

Poussant des grognements stridents et apeurés, elle en était extraite sans ménagement, puis, ligotée et entravée au moyen d'une corde, elle était conduite jusqu'à l'autel des hécatombes pour être livrée au couteau du sacrificateur. Là, renversée lourdement sur le fond dur de la cuve retournée aux bords saillants, le couteau effilé comme un poignard pénétrait sans attendre dans sa gorge et lui tranchait la carotide que le tueur avait repéré avec le pouce. Le sang pissait, giclait, ruisselait dans le seau de la grand'mère au fond duquel elle avait préalablement versé un verre de vinaigre ; et elle touillait régulièrement le précieux raisiné avec une longue cuillère en bois pour empêcher sa coagulation. Déjà, dans sa tête, elle évaluait en aunes la longueur du boudin que la saignée obtenue lui permettrait de faire et pour lequel elle avait déjà épluché les oignons.

Poussant des couinements aigus et pathétiques, la bête se débattait, tressautait, frissonnait, tandis que le grand-père la maintenait de toutes ses forces sur le fond de la cuve et que sa meurtrière immolation poissait les mains du Jean et de la grand'mère de sang chaud et mousseux.

Les cris du porc saigné s'entendaient dans tout le village, pénétrant dans chaque maison, jusque dans la haute salle de classe où le cœur de Pierre s'emplissait d'une sourde mélancolie, tandis que s'ouvrait son estomac à des promesses de délicieuses mangeailles : baroque dualité entre les tendresses de l'âme et l'avidité de la chair...

Lentement et au fur et à mesure qu'il se vidait de son liquide vital, l'animal s'affaiblissait. Encore quelques soubresauts, quelques cris, quelques râles et il avait vécu. Le sang ne coulait plus de sa plaie béante et maintenant la masse énorme de son corps flasque et rose, frisotté de soie argentée, reposait dans la cuve retournée. Il était alors échaudé avec de l'eau qui avait bouilli dans la buanderie, puis raclé, gratté, brossé énergiquement jusqu'à rendre la couenne lisse et glabre, picotée de milliers de lenticelles.

Sa toilette faite, le cochon était crucifié sur une échelle appuyée contre le mur de la haute maison de pierres, près de la porte de « la cadette[1] » qui s'ouvrait au rez du « petit jardin ». Ses pattes arrière étaient encordées au dernier barreau, son groin rasait la terre, tandis que son ventre gonflé du poids de ses entrailles s'offrait généreusement à l'éventration. D'un seul trait, le couteau du Jean traçait son sillon dans le ventre mou et libérait du même coup les tripailles fumantes qui tombaient dans une grande bassine emplie d'eau.

Après trempage, la grand'mère les repêcherait dès le lendemain, un à un, ces boyaux mous et peu ragoûtants. Les étalant sur sa planche à laver, elle les débarrasserait des matières fécales à l'aide d'un grattoir en bois, les brosserait à la brosse à chiendent, les retournerait puis les laverait plusieurs fois à grande eau, avant de les stocker dans la cave dans l'attente de toutes proches boudinailles. Bientôt les tripes s'empliraient de sang et de « chons[2] » assaisonnés d'épices et d'aromates, de ce sang vermeil et capiteux du cochon mort, qui se métamorphoserait en un chapelet de boudin noir pour l'avide jouissance des hommes. Sur l'horizon confondu du sang et du couteau, ainsi serpentait la vie entre l'animal et l'homme.

Mais déjà, le Jean détachait les parties nobles de la bête : les poumons, le cœur, le foie, les rognons, la rate, qui feraient les délices de la fricandelle[3], et fricassées pour le dîner avec

1. la cadette : pièce ainsi appelée en raison de sa petitesse.
2. chons: graisse de porc.
3. fricandelle: repas de fête qui suivait la mort du cochon.

force épices et la succulence d'une sauce au vin rouge. La vessie serait mise de côté, bien qu'elle ne servait plus depuis belle lurette de blague à tabac. On la conserverait, gonflée comme une baudruche, dans quelque coin du grenier où elle se balancerait, jaunâtre et ventrue, parmi la poussière et les toiles d'araignée.

Maintenant, le Jean découpait le cochon en quartiers, détachant la tête qui ferait un délicieux pâté après avoir été évidée de la cervelle, puis les quatre jambons et enfin les deux épaisses et larges bandes de lard. Tous les morceaux s'amoncelaient sur des linges propres dans « la cadette ». Sans tarder, ils seront mis au saloir, cette cuve à usages multiples, copieusement saupoudrés de gros sel. Deux fois par jour, le grand-père ou la grand'mère viendra les arroser soigneusement de saumure avec cette vieille louche en fer toute grêlée et rongée de sel.

Plus tard, quand le porc sera mariné à point, il sera fumé tout l'hiver dans la grande cheminée de la cuisine. Et les bandes de lard, lourdes et massives, et les jambons, ronds et mafflus, s'empliront des arômes sauvages des flammes et des fumées exhalées par les bûches de verne, de chêne, de hêtre ou de charme, qui les recouvriront d'une patine noirâtre et donneront à leur chair ce fumet incomparable de produit du terroir.

Quand Pierre rentrait de l'école, la haute maison de pierres s'activait de bas en haut comme une ruche : le grand-père et le Jean près du saloir à « la cadette », la grand'mère autour de son fourneau dans la cuisine aux boiseries de chêne vieux, d'où s'échappaient de friandes vapeurs de viandes fricassées.

La porte à claire-voie du réduit était restée ouverte sur un vide qui semblait à Pierre immense, d'où s'exhalaient les bouffées fétides des derniers excréments du cochon disparu.

La tristesse de l'enfant était à peine adoucie par la promesse de repas gourmands, tristesse qu'il gardait pour lui seul et qu'il ne lui fallait surtout pas montrer aux autres...

La basse-cour de la grand'mère

Chaque année, le printemps ramenait dans les rues du village, avec l'activité remuante et besogneuse des paysans et la criaillerie endiablée des enfants, mêlé au tapage mélodieux des oiseaux, le tohu-bohu joyeux des animaux de basse-cour libérés de leur poulailler.

Et c'était dans le jour bleu des matins interminables des allées et venues, des courses, des sautillements, des ébouriffements multicolores de volatiles emplumés ; c'était un concert frais et libre de becs, de caquètements, de gloussements, de piaulements, tandis que les hirondelles frisaient la poussière de la route, que les merles sifflaient au creux des buissons d'aubépine, où gazouillaient les fauvettes et piaillaient les moineaux.

Sur la campagne bouillonnant de verdeur, la magnificence de l'aurore versait sa pimpante allégresse en éclats de rose et d'or, la rumeur envahissante d'une vie neuve et pure enivrait le corps et l'âme à la naissance allégorique de l'astre solaire, qui prenait au-dessus des forêts solitaires un aspect monumental.

Dans un demi-sommeil tout dégoulinant de nuit, Pierre sautait en bas de son lit, s'abreuvait de la nature par la fenêtre ouverte et se jetait en courant dans la rue. C'était alors comme s'il se retrouvait à l'intérieur d'un immense réceptacle de lumière, cœur d'une fleur printanière, odorante et enfiévrée.

La grand'mère élevait une petite basse-cour à des fins domestiques. Elle avait installé le poulailler dans le large couloir de l'étable à vaches, dans la vieille maison voisine de la mère Linotte. Sur la droite, le grand-père y avait dressé un lourd bâti de bois habillé de grillage. Rien n'y manquait pour l'économie et le bien-être des volatiles ; abreuvoirs et mangeoires, nids et pondoirs, pas même une échelle de bois sur laquelle les poules passaient la nuit, la tête sous l'aile.

Plusieurs ordres de gallinacés constituaient cette basse-cour et qui s'étaient d'année en année métissées entre elles. Par leur taille, leur morphologie et leur plumage, on pouvait reconnaître trois races rustiques, parfaitement acclimatées et toutes trois réputées pour la qualité de leur chair et leur aptitude comme grandes pondeuses et bonnes couveuses : la faverolles, l'orpington et la race de Bresse. Cette dernière race donnait des variétés grises et blanches, précoces et à chair fine ; l'orpington était une race forte, bien charpentée, au plumage fauve, qui se révélait très bonne pondeuse ; quant à la faverolles, c'était la plus précoce, engraissant vite, à la chair délicate et qui était aussi bonne pondeuse que bonne couveuse.

Un coq faverolles, superbe et farouche, régnait sur la basse-cour. Il faisait l'admiration de Pierre, à la fois en raison de sa taille qui lui faisait dominer d'une tête toutes les poules, et par la majesté de son comportement et la somptuosité de son plumage. Planté droit sur ses tarses d'acier, dont l'arrière s'armait de l'éperon de ses ergots, il gonflait son plastron de neige moucheté d'or et d'argent et redressait fièrement sa lourde tête couronnée d'une crête charnue rouge vif aux crétillons dentelés. Sous son bec court, légèrement recourbé, flottaient deux barbillons ponceau, dont l'éclat de coquelicot tranchait sur la pâleur jaune bleuté des oreillons. Comme une crinière, son camail léger aux reflets métalliques ruisselait sur son cou gonflé d'importance. Mais ce qui lui donnait cette noblesse de hobereau, de gentilhomme campagnard, c'était la magnificence de sa queue en faucille jaillissant de son arrière-train en une cascade de plumes fastueuses, où les sept couleurs de l'arc-en-ciel faisaient un feu d'artifice d'émaux et d'éclats métalliques : jaspures de vert ou de violet, diaprures de rouge ou d'indigo, éruptions mordorées ou argentées, luminescences de paillettes truitées, explosions de vitrail d'une aile de papillon...

Et dans le quartz brun et vert de son œil rond cerclé d'or, où battait sa paupière à la vitesse de l'éclair, étincelait la lumière d'un regard vif, intelligent, à la fois hautain et souverain.

Il était pour Pierre, ce coq de la grand'mère, ce Chanteclerc vôgien, la réplique vivante et colorée du coq emblématique, symbole de la vigilance et de l'activité chez les Anciens, pour l'exactitude avec laquelle il marquait les heures de la nuit en chantant ordinairement trois fois : à minuit, à deux heures et au point du jour. C'était pour les mêmes raisons que l'on voyait la croix de nos clochers surmontée d'un coq de métal. Et l'adolescent se rappelait que dans l'Histoire sainte saint Pierre avait renié Jésus, son maître, au premier chant du coq. Déjà passionné de l'Antiquité, il se souvenait des dernières paroles de Socrate à son disciple Criton : « N'oublions pas que nous devons sacrifier un coq à Esculape.[1] »

C'est pourquoi, embelli et sacré par ces réminiscences historiques, le coq de la grand'mère, l'énorme et puissant coq faverolles, lui apparaissait comme un être mythique, légendaire, immortel.

Il savait également que le nom de ce gallinacé était le symbole de la France, dont l'étymologie découlait du mot latin

1. Dieu de la médecine chez les Grecs. Il était souvent représenté sous les traits d'un homme barbu ayant auprès de lui un coq, symbole de vigilance.

gallus, qui veut dire à la fois « coq » et « gaulois », symbole de bronze qui dominait, poussant son cocorico guerrier et battant frénétiquement des ailes, le monument aux morts de son village. C'était pour toutes ces raisons qu'il le craignait et le respectait.

Les premières chaleurs d'avril enfiévraient le poulailler, où les poules couveuses se manifestaient par des gloussements sourds et continus. La grand'mère préparait le couvoir, une caisse en bois garnie d'une litière de paille hachée, qu'elle plaçait dans la grange, en dehors du poulailler. Ainsi, la couveuse qu'elle avait choisie pour ses bonnes aptitudes à couver, isolée de la basse-cour, était mieux à même de remplir utilement ses fonctions, aussi la grand'mère pouvait-elle plus facilement la surveiller en raison de la proximité.

Une douzaine d'œufs côchés, issus des pondoirs, était confiée à la poule que l'on appelait la « mère couveuse » aux fins de couvaison. Elle faisait l'objet de toute l'attention de la grand'mère.

Une ou deux fois par jour, la mère qui gardait constamment le nid durant l'incubation, quittait celui-ci pour se détendre et pour chercher sa nourriture. Mais il arrivait que l'aïeule fût obligée de la contraindre à l'abandon de son nid, car elle savait que cela était indispensable pour la santé de la mère, ainsi que pour la respiration du germe. De temps à autre, d'instinct, la couveuse ramenait les œufs de la périphérie sous elle et les retournait. Pendant toute la durée de la couvaison, qui durait trois semaines, la grand'mère s'attachait à intervenir le moins possible, de crainte que, dérangée, la couveuse n'abandonnât le couvoir.

Deux ou trois jours avant l'éclosion, l'embryon commençait à s'agiter dans l'œuf, puis le poussin à coups de bec pressés, brisait sa coquille et en sortait, petite boule de coton jaune, doux et humide, déjà piaillant, déjà remuant ses petites pattes roses. Au fur et à mesure de leur naissance, la grand'-mère retirait les poussins du couvoir et les mettait sous le gros édredon rouge de son lit pour les sécher et les réchauffer. Curieux, Pierre soulevait le lourd duvet, qui lui découvrait une marmaille de poussins vêtus d'une ouate légère et dorée. Il en prenait un dans ses mains avec tendresse et déposait un bécot appuyé à la pointe de son bec, mais seulement quand l'aïeule avait le dos tourné, car elle voulait que personne ne touchât à ses poussins, qu'elle considérait comme ses enfants et auxquels elle tenait comme à la prunelle de ses yeux. C'est pourquoi elle les entourait de soins attentifs et se préoccupait avec zèle et compétence de leur nourriture. Les premiers jours, elle les nourrissait d'œufs durs hachés, de mie de pain trempée dans de l'eau ou du lait. Après une semaine, elle les alimentait d'une pâtée de farine d'orge, dans laquelle elle incorporait de la verdure réduite en menus morceaux. Puis, peu à peu, afin que les jeunes s'habituassent au grain, elle leur donnait de l'orge et de l'avoine concassés qu'elle broyait dans un vieux moulin à poivre. Tout ce temps, ils se trouvaient avec leur mère sous la mue grillagée qui les protégeait des prédateurs et des autres volatiles de la basse-cour.

Au bout de trois semaines, les poussins étaient assez forts pour suivre leur mère, laquelle, tout en les conduisant et les surveillant, leur apprenait à trouver leur nourriture dans la nature : vers, insectes, verdures... Et il fallait voir avec quelle énergie la mère grattait le sol avec ses pattes puissantes. Répondant à ses gloussements enroués et tendres, les petits accouraient dans un fourmillement de petites pattes agitées et se bousculaient pour se régaler du vermisseau tout gigoteux débusqué de son nid de terre. Mais la grand'mère avait toujours un œil sur la couvée, afin de prévenir l'attaque d'une buse ou l'irruption d'un renard qui se montrait particulièrement hardi à cette saison ; celui-ci, en effet, n'hésitait pas à faire des incursions en plein jour dans le village pour nourrir sa nichée de renardeaux !

Bien qu'il l'eut appris à l'école au cours d'une leçon de sciences naturelles, dessin en coupe à l'appui, Pierre avait du mal à croire qu'un œuf de poule pouvait être un véritable organisme vivant, duquel sortait, après trois semaines d'incubation, ce délicat pompon de laine, avec une tête, deux yeux, un bec, deux petites pattes de corail et l'ébauche de deux ailes, qui piaulait, sautillait, courait, vivait ! La naissance des poussins, dans sa simplicité et son humilité, s'accomplissait aux yeux de Pierre comme un quasi-miracle, qui lui donnait concrètement conscience, à travers cette vie animale, qu'une autre vie reproduisait, de la vie qui animait tous les êtres vivants. Et il se représentait alors la vie comme l'ensemble des forces qui résistent à la mort, cette vie qui ne s'arrêtait pas, mais qui toujours se continue. Et dans sa poitrine, à travers la cage obscure de ses côtes, battait son cœur profond et sans égal, qui participait à cette mélodie d'avril, ouvert aux plus belles roses d'or d'un soleil printanier.

« Pirouchequeti ! Pirouchequeti ! » hurlait Pierre, planté gaillardement face à l'énorme dindon, qui se mettait aussitôt à glouglouter frénétiquement, se rengorgeait, faisait la roue, tandis que l'excroissance charnue de sa caroncule se dodelinait sur son cou, s'enflait et flamboyait de tumescences écarlates et violacées. L'enfant reculait devant la charge du grand oiseau de basse-cour qui l'attaquait avec impétuosité, puis se calmait brusquement. C'est alors que, se haussant du col, il se pavanait au milieu du troupeau de dindes, déroulant en queue de paon l'éventail de ses rémiges caudales et labourant le sol avec le double soc de ses ailes vibrantes de plumes.

Dindes et dindons complétaient la basse-cour de la grand'mère et lui donnaient un caractère exotique et baroque. Car ces gallinacés, originaires d'Amérique du Nord, tranchaient sur coqs et poules par l'originalité de leur cou dépourvu de plumes et recouvert d'une membrane granuleuse violemment colorée, mais aussi par leur grande taille qui les écrasait.

Dès que la nuit tombait, violâtre et d'argent, de vagues clartés roses s'attardaient au-delà de la vieille maison de la mère Linotte. La route de Lignéville au détour du premier tournant s'emplissait d'ombres, de parfums d'herbe, de lassitude, de fleurs de lune... Sur son front, Pierre sentait battre l'aile d'une pénombre fraîche comme à l'entrée d'une cave. Coq en tête, les poules, l'une après l'autre, se retiraient à l'abri de leur poulailler sur les branches de leur perchoir.

Peu à peu, la rue se vidait de la gent emplumée et de ses caquètements, tandis que la campagne verte silencieusement s'endeuillait et que le village s'assoupissait et dessinait sa silhouette noire à contre-jour de la colline qu'enneigeait la lune.

Les ténèbres et le silence. Un serein embaumé, transparent.

La nuit.

L'attente à travers le village, où déjà perlait le désir d'un aurore flamboyant claironné par le chant du coq.

Le Barbazan

Le Barbazan était le nom que l'on donnait à l'atelier public où, presque tout l'hiver, rougeoyaient les gueules béantes des alambics qui distillaient sans discontinuer les fruits et les marcs de raisin des bouilleurs de cru du village. Ce nom lui venait du dernier maréchal-ferrant du château qui avait exercé là, il y avait bien des lustres, son art et ses travaux de force.

Propriété du Jean Riondé, l'atelier public s'ouvrait dans un angle rentrant de l'immense cour de ferme. Le grand-père bouillait son cru – prunes, mirabelles, marcs de pomme et de raisin – habituellement au mois de novembre, tout de suite après le distillateur, privilège que celui-ci lui accordait parce qu'il était à son service durant toute l'année.

Il y avait toujours, sur le vieux banc de bois et les quelques chaises, deux ou trois paysans, l'un surveillant sa « cuite », les autres venant en curieux ou pour prendre rendez-vous. Pierre accompagnait le grand-père et prenait la place qui restait.

C'était un endroit étrange et mystérieux que cet atelier public où, parmi les poussières et les toiles d'araignée, rutilaient les ventres de cuivre des alambics, s'arrondissaient les pipes d'un rouge ardent, dont le tuyau s'allongeait et se lovait comme un serpent dans la cuve de refroidissement, flambaient et claquaient des feux d'enfer dans les profonds foyers des chaudières, que le grand-père rechargeait avec décision et diligence et où il engouffrait des bûches d'un demi-mètre, de chêne, de hêtre ou de charme, le verne étant réservé à une vive flambée qu'exigeaient certains raffinages. L'air que l'on y respirait était âcre et lourd, où se mêlaient aux chaleureuses vapeurs d'alcool des remugles suffocants et putrides de marcs de fruits, qui prenaient possession des nez et entêtaient.

Il y avait là sur le banc, à côté du grand-père, outre le Jean Riondé, le Maurice Clément et le Fernand Deroux. Installés largement et les jambes écartées, ils se chauffaient à la chaleur de l'alambic qui rôtissait leur figure. Mais s'ils avaient le ventre chaud, ils tapaient de temps à autre leurs sabots de bois sur la terre battue pour réchauffer leurs pieds glacés. C'est qu'au-dehors, la bise nocturne soufflait fort, qui annonçait l'hiver et son cortège de neiges et de frimas.

Assis près d'eux sur un fruste tabouret de bois, Pierre, comme toujours l'odorat aux aguets, percevait chacune de leur odeur, cette odeur particulière de transpiration que chaque homme du village véhiculait après soi, ce mélange d'effluves nourris de leur corps et de parfums rustiques d'étables, de fumiers, de terres, cette exhalaison de velours, de flanelle, de laine, ces effluences de paysan, de terrien, d'homme des bois, où parfois pointait l'arôme piquant et tenace d'une eau de Cologne ordinaire. Pierre était capable, par instinct, de les distinguer les uns des autres aussi bien que son grand-père, comme chacun d'eux était capable de les reconnaître, son grand-père et lui, à leur seule odeur. Pierre avait reconnu que cette odeur n'était pas la sienne ni celle du grand-père, à laquelle il était si naturellement et si délicieusement accoutumé (odeur composite où dominaient, parmi l'aigreur de la sueur des fragrances de velours et de feux de bois), cette odeur qu'il retrouvait dans leurs maisons qui s'en étaient imprégnées depuis des générations. C'était encore à l'époque où les sens, en prise directe avec la réalité substantielle et vivante de la nature, remplissaient à merveille leurs fonctions et proclamaient avec cette nature une intimité congénitale et profonde. Ainsi et encore, il n'y avait pas de hiatus dans la trame des jours vivants ; ainsi et encore, l'homme et la nature chantaient et vibraient à l'unisson.

Mais l'attention de Pierre, comme celle du grand-père et de ses commensaux, était toute entière mobilisée par l'alchimie de l'eau-de-vie qui se préparait dans le ventre pansu de l'énorme alambic, dont les entrailles fumantes d'une pâte verdâtre et dorée de mirabelles fermentées bouillaient comme une lave au creux d'un volcan.

Posé sur des tins de bois, l'opulent chaudron de cuivre attendait sous la mince goulotte du serpentin que le miracle espéré s'accomplît, que ces vapeurs lentement arrachées par le feu à la chair capiteuse des fruits se sublimassent en une liqueur de cristal. D'abord, on ne voyait rien venir, sinon un souffle de vapeur bleue qui se mettait à flotter dans l'air, à voleter comme un papillon avant de disparaître, sinon une volute évanescente qui vite s'évaporait, laissant dans les narines errer l'efflorescence d'un parfum ineffable, d'un parfum de fruits, qui résumait en un éclair les souvenirs de la terre qui les avait mûris. Mais sans transition ni brusquerie, la subtile vapeur tout à coup se fondait dans une espèce liquide, aussi ténue et fragile qu'un fil de soie, qui dansait, s'effilochait, se morcelait, se rompait, puis se renouait, se tressait goutte à goutte, s'enflait, pissait dans le vaste chaudron où elle scintillait de bulles microscopiques. Cette prime coulée, aube d'un alcool balbutiant, s'écoulait dans le récipient béant à la façon d'une huile, dont l'onctuosité collait sans bruit aux parois et au fond.

Pierre ne quittait pas des yeux ce jet surnaturel qu'éjaculait le bas-ventre de la cuve par giclées saccadées, ce filet incolore qui, petit à petit, emplissait le chaudron d'une masse minérale cristalline, qui avait la fluidité de l'eau et la texture du verre et dans laquelle se dodinait comme un ludion le roide pèse-alcool. Et le grand-père chargeait et rechargeait le foyer de la chaudière, où brûlaient tous les feux de l'enfer et qui craquaient, pétaradaient, explosaient, chargés de gaz et constellés d'étincelles.

Dedans l'antre de la distillerie, c'était l'éclat du feu et le calme doux d'un confinement ; dehors, c'était sur le village et sur les arbres la glaciale sarabande de la bise.

Jusqu'alors silencieux et haletants devant la magie de la distillation qui s'accomplissait devant leurs yeux, le grand-père, le Jean, le Maurice et le Fernand, lesquels se taisaient et suivaient dans le chaudron, au fur et à mesure qu'il se remplissait, le branlement et le hochement gracieux du densimètre, s'animèrent et rompirent le silence. Le Maurice déplia sa grande carcasse, lourde et épaisse, c'était un mètre quatre-vingts de viande et de muscles, une colonne de ventre, d'estomac, de poitrine, sommée d'une tête comme une énorme boule, dans laquelle était sculpté le sillon d'argile grasse d'une bouche aux lèvres lippues, aux commissures de marnes bleues. Rondes et pleines étaient ses joues, ou plutôt ses bajoues, glabres et entrelardées de couperose.

Deux yeux sombres luisaient comme des escarbots dans les flaches embrumées de profondes orbites que diabolisaient de gigantesques sourcils broussailleux. Au bout des bras boursouflés de biceps, s'agitaient des mains grandes comme des pelles à grain qu'il fallait à tout prix éviter : se voulant amicales, elles s'abattaient en claquant avec un bruit de battoir sur les épaules ou broyaient les phalanges de toutes celles qu'elles serraient pour un bonjour ou un adieu. Il chaussait au moins du quarante-cinq et ses sabots, à côté de ceux de Pierre, paraissaient des ballonges écrasant de leur taille deux coques de noix. Toujours ferrés de neuf, on les entendait claquer par les rues du village, ces formidables sabots du Maurice Clément, quand dans la nuit il rentrait du bistrot en descendant la rue de la Tenaille. Et sans doute inspiré par son ébriété, il monologuait bruyamment, toujours gouaillant, toujours démesuré dans ses gestes et ses propos, qu'il ponctuait incontinent d'un « directement » exclamatif et tonitruant !

Hiver comme été, il se contentait d'une chemise à carreaux largement ouverte sur une poitrine de bœuf qu'encanaillait un buisson de poils hirsutes et filasses. Mais il ne sortait jamais sans sa ceinture de flanelle grise qu'un gilet complétait à la belle saison ou un pull de laine par temps froid. Tout comme sa vieille musette de toile fauve, élimée et sans âge, qui ne le quittait jamais et dans laquelle il y avait toujours un quignon de pain et de quoi boire : un litron de vin ou une fillette de goutte. Si de prime abord on pouvait le prendre pour un jobard, il était loin d'être aussi sot qu'il en avait l'air. Dans sa fruste rusticité, il manifestait en toute circonstance une franche jovialité et il était toujours prêt à rendre service. Célibataire endurci à l'approche de la cinquantaine, il vivait en solitaire avec sa vieille mère, toujours dévorant, toujours fumant, toujours buvant.

– Eh Jean, où est-ce qu'on en est avec cette goutte directement ? se mit-il à crier, se levant et s'approchant du chaudron à demi plein de cette eau-de-vie toute neuve et tiède encore.

– Regarde voir à quel degré elle est !

Le Jean s'emparait de l'alcoomètre : « Soixante », annonçait-il. Puis : « elle est encore trop forte, il faut attendre un peu... »

Mais le Maurice Clément, verre à la main, revenait à la charge. « Tu crois, Jean ? Moi je crois ben que c'est le moment de la goûter directement ! N'est-ce pas Georges, si t'es d'accord ? Car après tout c'est ta goutte directement ! »

Le grand-père sans mot dire acquiesça d'un signe de tête. Jean prit une pipette, l'emplit de goutte et la vida dans le verre du Maurice. Et il fallut voir comment celui-ci lampa le contenu de son verre d'un seul trait, en un seul aller et retour de son énorme et osseuse pomme d'Adam. Il ne s'y reprit même pas à deux fois pour avaler cette mirabelle à soixante degrés, encore tiède et presque chaude ! Après cette brève mais violente réjouissance de gosier, il clappait de la langue avec lenteur et délectation comme s'il regretta que la goutte fût passée si vite dans sa bouche, puis aspira comme une carpe de grandes goulées d'air pour en apaiser le feu et la rafraîchir.

– Eh ben Georges, elle est bien bonne ta goutte directement ! Je parierais que c'est le tonneau que t'as fait avec les mirabelles du « p'tit jardin » ? C'est des p'tiotes, toutes tachetées de rouge comme une truite, mais qui ont du goût et du sucre directement !

Le grand-père opina du chef et répondit que ses mirabelles provenaient bien du « p'tit jardin » qui bénéficiait d'un microclimat parce qu'il était exposé plein sud et protégé des vents du nord par le talus de la route de Lignéville.

Se tournant vers le Fernand, toujours assis sur son banc sans piper mot, le grand Clément l'interpella sans ménagement :

– Et toi Fernand, tu ne veux pas la goûter, la goutte du père Georges ? Voyons, fais pas le bégueule, on sait que t'aimes licher un petit verre de temps en temps, même que tu ne craches pas dessus quand ta mère, la Maria, a le dos tourné ! Est-ce que c'est vrai que dimanche dernier elle a trouvé le litre de niaule que tu avais planqué au fond du jardin, sous un vieux seau, près des cabinets ?

Sous l'attaque imprévue, le Fernand piqua du nez, renifla, sortit son grand mouchoir à carreaux et s'essuya le nez toujours enchifrené, toujours embarrassé de morve s'écoulant de ses deux narines. C'est que le Fernand n'avait ni le physique ni la trempe du Maurice Clément. Dans sa cinquantaine dépassée, son dos gibbeux lui donnait une allure de chameau, qui l'obligeait à marcher en permanence courbé vers la terre, les mains nouées derrière les reins. Il était penché parfois si près du sol qu'on craignait qu'à tout moment il tombât en avant ! Il avait un visage ingrat, osseux, auquel un énorme nez busqué faisait un profil aztèque, tandis que de sa bouche chevaline, quand il l'ouvrait, saillait une double rangée de dents jaunes sur des gencives violâtres et baveuses. Il ne parlait pas, il nasillait. Sa voix était une succession désordonnée de borborygmes rauques et assourdis, si bien que les gens ne comprenaient pas ce qu'il disait et sans cesse le faisaient répéter. Ceci avait le don de l'énerver et de le mettre en colère, car il pensait dans l'humble lenteur de son cerveau qu'on le faisait exprès, pour se moquer de lui et l'humilier. Il souffrait de cette anomalie de l'élocution comme d'une infirmité.

Sans être simplet, il n'avait pas inventé la poudre, comme on disait de lui alors. Il était pour ce motif sous la coupe de sa vieille mère, qui le traitait durement, ainsi qu'à la merci de son frère aîné, petit cultivateur, pour qui il travaillait, pour qui il se crevait ! Mais au demeurant, si fruste soit-il, il n'avait pas une once de méchanceté et n'aurait pas fait de mal à une mouche. Les quelques vilenies qu'il pouvait commettre lui étaient commandées par sa mère, à laquelle il n'était pas en mesure de résister et de laquelle il était totalement dépendant !

Le Jean intervint et lui tendit un verre qu'il avait à demi rempli : « Tiens, bois Fernand, c'est de la bonne goutte. »

– Tu crois Jean que je peux ? Qu'est-ce que va dire maman si je rentre saoûl ?

– Mais non tu peux boire ça, c'est pas avec si peu que tu seras saoûl, crois-moi. Et puis la Maria, elle nous casse les pieds. T'es un homme, t'es plus un gamin. Alors comporte-toi comme un homme, nom de nom !

Le Fernand, convaincu par les arguments du Jean, prit le verre tendu et but la goutte du père Georges, par petites gorgées retenues, tout en déglutissant et claquant de la langue bruyamment.

Et tous burent, hochant la tête, goûtant et regoûtant, se gargarisant, clappant de la langue contre le palais, chacun donnant son avis et se permettant des comparaisons avec la goutte des années d'avant.

Tandis qu'au-dehors la bise tourbillonnait furieusement au-dessus du village recroquevillé dans un sommeil de feuilles mortes s'accomplissait au Barbazan le sacre de l'eau-de-vie de mirabelle dans sa primeur, se cristallisait la philosophie de ce pays vôgien dans la célébration et la magnificence de cette liqueur limpide et transparente : or des fruits sublimés en cristal liquide par le feu de l'alambic et l'art du bouilleur de cru.

Les peines et les tribulations d'une année besogneuse se magnifiaient dans cette libation profane, où les méfiances et les soupçons ataviques tombaient et où les cœurs communiaient, quand dans le sang des buveurs étincelaient les cristaux obscurs et capiteux de la divine mirabelle : humble bonheur d'un peuple de terriens en sa fervente simplicité.

Oncles, tantes et cousins

Bien qu'il fût issu d'une famille de onze enfants, le grand-père de Pierre n'avait que deux de ses sœurs qui habitaient le village : Emma et Eugénie, que l'adolescent appelait tante Emma et tante Nini.

La tante Emma habitait une petite maison dans cet îlot de bâtisses jointives qui escaladaient à senestre la rue de la Tenaille, jusqu'au débouché de la rue Neuve, entre la « fontaine du milieu » et la mairie-école. C'était une maison d'une grande humilité, en accord avec les gens qui y vivaient. Quelques marches de pierre donnaient accès à un étroit vestibule qui commandait l'ordonnance successive des aîtres : cuisine et chambres. C'était comme si cette masure de pierres coiffée de vieilles tuiles rondes avait été plaquée à la hâte contre le haut mur de la maison voisine, dont la relative opulence accentuait la modestie. C'était comme si elle avait répondu à des préoccupations d'un habitat immédiat, où la simplicité et la pauvreté du moment ne pouvaient laisser place à l'onéreuse et inutile beauté d'une architecture traditionnelle. Mais dans son minéral dépouillement, sans apprêt ni clinquant, la petite maison de tante Emma respirait un bonheur primitif, rustique et laborieux. Quand, au loin, le soleil se levait au-dessus de la forêt, ses premiers rayons perçaient le miroir des fenêtres et l'armure des rideaux, faisant renaître de l'obscurité l'humble logis, dans lequel la lumière rendait sensible la réalité rudimentaire et rassurante des objets familiers. Luisait alors la patine brune des meubles de chêne, imbus de cire et frottés de laine, étincelait l'or papillotant des cuivres, s'allumait la lactescence des faïences émaillées de fleurs et de feuillages ; s'assombrissait l'orgueil ténébreux des ustensiles de fer. Dans cette étroite et fruste intimité, chaque objet était là, à sa place, voué depuis des lustres à un usage pratique et routinier, consacré à la main qui chaque jour l'empoignait, familière et précise. Et l'existence s'écoulait entre ses murs, sans complaisance ni répit, où les gens s'enlisaient dans cette épaisse pâte des jours, dont il fallait sans cesse se désengluer et s'extirper, non sans peines ni tribulations, afin d'essayer d'exister et de sentir perler aux lèvres de l'instant le sentiment fruité de la vie.

Dans sa soixantaine finissante, la tante Emma était une toute petite bonne femme, courte sur jambes et trotte-menu, au corps rabougri et perclus, aux cheveux argentés et ramassés en chignon. Son visage doux et hâlé était rond et ratatiné comme en mars une pomme au fruitier ; deux petits yeux gris, verts, couleur de noisette, vivaient, humbles et émouvants, sous la protection de timides paupières qu'apeuraient les rudesses et les brusqueries de la vie. Sa douceur naturelle n'avait d'égale que sa modestie, qui se manifestait en toute circonstance par un comportement de retrait et d'effacement. Elevée dans une grande pauvreté, elle se considérait néanmoins comme une personne qui n'était pas à plaindre. Elle était propriétaire de sa maison et de quelques dépendances toutes proches, qui lui permettaient d'élever deux ou trois vaches, quelques poules et quelques lapins. Ainsi, elle avait acquis une certaine aisance, qui lui prodiguait ce sentiment tranquille et rassurant que son existence lui était généreusement assurée.

Elle était mariée au père Banvoy (comme l'appelait Pierre), à qui elle avait donné un fils prénommé Paul. Ramassé, trapu et lourd, le père Banvoy bombait généreusement son obésité qu'enveloppait à la taille l'épaisse et traditionnelle ceinture de flanelle grise. Son visage vultueux et mal rasé s'ornait d'un nez en pied de marmite, d'où s'échappait une touffe de poils hirsutes et argentés. Riboulant et cave, son œil s'éclairait d'une lumière bleue, qui pouvait soudainement se nuancer d'alacrité ou de colère. Alors, sa voix vibrante et caverneuse se faisait doucereuse et insinuante ou s'enrouait de roulements railleurs, mordants et sarcastiques.

Chaque fois qu'avec ses yeux d'enfant Pierre rencontrait Paul, son cœur se serrait de compassion et de pitié. Il le voyait souvent promener sa grande carcasse sèche et malingre sur les chemins du finage. Toujours vêtu de vêtements couvrants, de lainages, de cache-nez, de gants ou de moufles, il déambulait, solitaire, malheureux et triste, balançant comme des chiffes ses longs bras d'atèle. Sous son lourd béret noir s'apâlissait la lune immobile de son visage blanc de céruse piqueté de lentilles, dans lequel la bouche dessinait le double ourlet de lèvres lippues et violâtres. Quand il parlait d'une voix lente et grave, sa lippe découvrait une rangée de belles dents profondément enchâssées dans le corail sanguin de gencives, où toujours moussait l'écume de la salive. Son œil sombre et mélancolique regardait les êtres et les choses misérablement et avec un douloureux détachement. Et, quand il fixait Pierre, celui-ci baissait la tête, gêné et contrit, comme s'il se sentait coupable du mal qui rongeait son cousin de l'intérieur. Les gens disaient en effet qu'il était affligé d'une maladie incurable s'apparentant à la phtisie, laquelle expliquait sa langueur et imposait à son corps des austérités continuelles. Il était dans sa vingtaine et son mal inexorablement devait l'emporter autour de la trentaine. Quand Pierre au printemps arpentait les sentiers herbus et buissonniers de son village, il ne rencontrait plus la silhouette douloureuse du Paul. Mais parfois, dans l'espace bleu grand ouvert sur la verdure, il croyait entendre sa voix fragile et asthmatique qui sonnait et résonnait comme celle d'une flûte fêlée, errant dans l'air parfumé de claires trilles d'or...

La tante Eugénie, que Pierre appelait tante Nini, était d'un autre bois et d'une autre trempe que sa sœur Emma. Plus grande et plus sèche encore, le regard perçant d'un rapace, elle vivait, solitaire et farouche, dans une maison minuscule, voisine de l'école communale. Une cuisine et quelques pièces constituaient l'habitation ; elles étaient desservies par un étroit corridor longeant le mur occidental épousant la pente naturelle du terrain. Quelques marches de pierre donnaient accès au perron d'entrée et, le séparant de quelques mètres de la rue, un mur de soutènement en pierres sèches retenait les terres. Un jardinet potager, au nord et à l'est, l'entourait.

Autant sa sœur était douce et soumise, autant elle même était rugueuse et volontaire ; autant la tante Emma était discrète et sage, autant la tante Nini était libre et indépendante. Si elle ne s'était pas mariée, ce n'était point par aversion des hommes, dont au contraire elle appréciait les hommages, mais parce qu'elle ne supportait pas l'enfermement et les obligations du mariage. Ce n'était pas pour autant qu'elle ne s'intéressait pas au comportement de ses semblables qu'elle observait avec une délectable curiosité et dont elle rapportait avec jubilation les commérages, qu'elle glanait, çà et là, au cours de ses pérégrinations dans le village. C'était avec des airs entendus et des gestes appuyés qu'elle débitait les cancans du jour à un parterre de brodeuses rassemblées sur le terre-plein devant sa maison. Et Pierre, l'ouïe toujours aux aguets, presque toujours flanqué du Julien, se cachait dans les ruines toutes proches et ne perdait pas une bribe de sa conférence.

Elle avait eu plusieurs enfants, dont une fille mariée à un Italien. De cette union naquirent Claude et Raymond, tous deux cousins de Pierre. Durant la guerre, ils vivaient chez leur grand'mère. Claude avait le même âge que Pierre, Raymond un an ou deux de moins.

Sérieux et réfléchi, le Claude était doué d'une grande intelligence et d'une vive sensibilité, qui le voyaient déjà développer de prometteuses dispositions pour le dessin. Si le Claude était assez grand et bien bâti, le Raymond était plus petit, maigre, noir de poil et de peau. Il avait un caractère nerveux et impulsif, qui l'entraînait parfois à se battre avec ses camarades d'école, singulièrement quand ceux-ci l'insultaient en le traitant de « macaroni » en raison de son ascendance italienne. Pierre partageait leurs jeux, que ce soit dans la cour de récréation ou en dehors de l'école. Il copinait mieux avec le Claude au tempérament calme et tolérant, mais aussi parce qu'il était inventif et bricoleur : à l'époque de la guerre les jouets manquaient, les enfants en fabriquaient eux-mêmes. Que ce soient des arcs, des moulins ou des « chars d'assaut ».

L'arc était fait à partir de coudrier, une pousse de l'année bien aoûtée, tendue au moyen d'une ficelle ou d'un fil de fer que Pierre fixait à chaque corne dans une encoche peu profonde entaillée au couteau. Les flèches étaient des roseaux qu'avec ses compagnons Pierre allait couper dans la roselière du Bouverot. De préférence, en raison de leur dureté et de leur résistance, il s'agissait de tiges sèches de l'année d'avant. La longueur de la flèche était choisie en fonction de la taille de l'arc. Coupée à chaque extrémité juste au-delà des nœuds, la pointe était fichée en force dans un « bobéchon » de sureau en guise de fer, pénétrant dans le canal médullaire et repoussant la moelle jusqu'à buter sur le nœud terminal. Par la coche simple pratiquée sur le talon de la flèche, celle-ci pouvait être encochée à la corde de l'arc : les archers en herbe pouvaient alors s'adonner à leur jeu favori et couronner le pignon des maisons et le coq du clocher d'une grêle de flèches... Pierre n'était pas le dernier dans ces concours acharnés, qui faisaient du vainqueur un héros glorieux mais éphémère. Il lui fallut cependant attendre d'être plus grand pour récolter la palme, car il était bien évident que la puissance balistique de l'arc dépendait de sa taille, donc aussi de la force musculaire du jeune archer appelé à le bander.

Avec des bobines de fil vides, Pierre fabriquait ce qu'il voulait être et qu'il appelait des « chars d'assaut ». D'abord, avec son couteau, il crantait les bords externes de la bobine pour figurer les chenilles d'un tank. Puis, il introduisait dans le trou de la bobine un mince caoutchouc découpé dans une vieille chambre à air. A chaque extrémité, une petite barre de bois bloquait la couronne caoutchoutée, l'une fixe, l'autre mobile. Le caoutchouc était alors tortillonné au moyen de la barrette mobile jusqu'à la limite de sa tension. En relâchant la barrette, il se déroulait avec une vive énergie entraînant la rotation de la bobine. Celle-ci pouvait ainsi, en raison de sa légèreté, franchir des pentes à fort pourcentage, voire de menus obstacles, à la manière des chars d'assaut !

Dès le printemps, lorsque la fonte des neiges remplissait d'eaux vives le ruisseau de La Fontaine le Loup, Pierre y faisait tourner des moulins. Deux piquets fourchus, de noisetier ou de frêne, étaient fichés à la main dans la terre grasse et meuble des rives, de part et d'autre d'un coulant rapide. Et sur ce bâti improvisé, il posait l'axe de son petit moulin de bois qu'il avait monté à la maison. Sur une couronne de bois dur, il avait précautionneusement incrusté des aubes découpées dans des boîtes de fromage (quand celles-ci étaient encore en bois). Après avoir réglé minutieusement la hauteur des paliers et l'emprise des pales dans l'eau vive, l'enfant se jetait à plat ventre sur le tapis verdoyant des rives où resplendissaient l'or des populages, le lapis-lazuli des myosotis et la nacre des anémones Sylvie. Ses yeux au ras de l'eau s'emplissaient d'une fine poussière dorée et cristalline, tandis que ses mains plongées dans l'eau frémissante s'enjouissaient d'une fraîcheur et d'une soie liquides. Et il regardait tourner son moulin, dont les ailes tourbillonnaient joyeusement, tchif tchif tchif tchif tchif tchaf, emportées par le flux d'un puissant courant. Il s'écoutait se parler à lui-même, s'entendant chantonner : « Tourne, tourne mon moulin. Tourne, tourne jusqu'à demain... Tourne, tourne mon moulin. Tourne, tourne sans fin... » L'enfant exultait, se ramassait, se recroquevillait, dérobant de temps en temps son pouls des battements de l'eau, mais sachant bien qu'il tenait l'âme du ruisseau dans ses mains ! Et tournait, tournait le moulin aux aubes de bois, que ses yeux verts contemplaient avec émerveillement...

L'oncle Brun et la tante Cécile habitaient la maison voisine de celle de la tante Emma, qui s'y appuyait, et voisinaient avec l'unique café du village. La tante Cécile était la fille de la grand'mère maternelle de Pierre, qu'elle avait eue de son premier mariage avec un sabotier de Relanges, décédé dans la force de l'âge d'un mal inconnu.

Après avoir travaillé quelque temps dans un atelier de vulcanisation à Levallois-Perret, près de Paris, l'oncle Brun avait acheté cette maison dans le village de sa belle-mère et s'y était établi. Il avait trouvé un emploi de cantonnier aux Ponts et Chaussées et, pour améliorer son ordinaire, il élevait poules, lapins, cochons et cultivait son potager comme tous les villageois à cette époque.

Sa maison était celle d'un laboureur du passé, une solide et rustique construction de pierre, où le corps de logis ne faisait qu'un avec les dépendances. Bâtie quelques mètres en retrait de la rue, on accédait directement dans la cuisine par un escalier de pierre accoté à main gauche d'un mur d'appui et que prolongeait une auge de grès. Les frustes degrés, étroits et érodés par le passage répété des hommes, étaient incommodes, voire périlleux par temps de neige ou de verglas. Pavée, la cuisine était vaste au plafond bas. Une imposante cheminée à l'âtre aux jambes ventrues se dressait, farouche et noircie de fumée, contre le mur qui la séparait du poêle ; derrière s'ouvrait la traditionnelle taque de fonte des maisons lorraines et qui en constituait le contrecœur. C'est ainsi qu'en hiver le feu à l'âtre contribuait au chauffage du poêle. Sur la corniche moulurée qui surmontait le manteau s'alignaient des objets hétéroclites suant de poussière : bougeoirs de cuivre, vases uniflores, moulins à café ou à poivre, boîtes de Banania, gobelets d'étain, pains de savon de Marseille...

Trônait devant la cheminée, dont elle était reliée par des tuyaux de tôle ajointés, l'énorme cuisinière à bois en fonte émaillée, avec son immense plaque de chauffe, luisante et sombre, où s'arrondissaient les rondelles des feux et sur laquelle chantonnait sempiternellement la bouilloire ; avec son foyer qui s'ouvrait comme une gueule béante, où les rondins de charmille et les quartiers de chêne se consumaient dans les flammes d'un feu d'enfer, devenaient braises puis cendres ; avec son four profond qui dorait les rôtis et mûrissait gâteaux et tartes.

A droite de l'entrée, c'était la grange et le grenier, sur l'arrière une chambre et une écurie. S'adossant au mur de l'écurie, moitié pierre moitié bois, c'était le réduit à cochons qu'avait construit de ses mains l'oncle Brun. Prolongeant la maison sur les derrières, un potager et un verger occupaient l'espace jusqu'aux propriétés riveraines.

Recouvert de tuiles rondes, celles-ci plus anciennes ou plus cuites, celles-là plus récentes et plus lisses, le toit prenait des tons rouges, roses et bistre, qui s'accordaient merveilleusement aux toits du village chevauchés des mêmes tuiles ancestrales aux couleurs à la fois si ardentes et si douces.

Comme une caverne mystérieuse et profonde, obscure et fraîche, suintant de salpêtre et argentée de toiles d'araignée, la cave sacro-sainte s'ouvrait sous la cuisine par une fruste porte en bois enchaînée d'un cadenas. C'était là, sacredieu, que l'oncle Brun conservait avec un soin jaloux ses tonneaux de vin d'Algérie, qu'il appelait son « tue-bœuf ». Il ne le buvait à l'état pur qu'aux grandes occasions ; sinon, il le baptisait avec l'eau du puits, soutenant à qui voulait l'entendre que c'était le seul vin, à sa connaissance, qui supportait cette regrettable mais nécessaire opération ! Car c'était un vin titrant treize degrés, un gros rouge épais et capiteux, qui tachait comme de l'encre et qui, pour ces raisons, ne pouvait raisonnablement être bu nature ! Sauf bien évidemment les jours de fête ; mais encore fallait-il ne pas en abuser si l'on ne voulait pas rouler sous la table et se payer ensuite une méchante gueule de bois. Bien que très résistant à l'alcool, l'oncle Brun savait se retenir. Il était trop fier et n'aurait jamais permis à quiconque de rire de son ébriété !

La demeure de l'oncle Brun et de la tante Cécile avait gardé la simplicité qu'imposait sa destination originelle, choisie et adoptée une fois pour toutes, c'est-à-dire celle d'un laboureur aux longues journées, qui se levait tôt, se couchait tard, mangeait et buvait dru. Sans le savoir, l'oncle et la tante de Pierre avaient, à peu de chose près, le même régime alimentaire qu'au début du siècle, un régime frugal accordé à l'époque et au pays, où se répétait la triade rustique et coutumière du lard, du chou et de la pomme de terre, abreuvée de laitages (lait cru, lait caillé, fromage blanc). Le lard surtout, on ne le dira jamais assez, contentait généreusement les corps laborieux de nos ancêtres, ce lard où gîtaient une saveur, un moelleux, un fumet incomparable.

Et tout comme eux, l'oncle Brun et la tante Cécile ne rompaient leur frugalité quotidienne que les dimanches et les jours de fête, et bien entendu aux mariages et aux communions. Les repas du dimanche voyaient la table s'enrichir d'un pot-au-feu, d'un lapin en civet ou d'un poulet rôti, la potée lorraine mêlant aux viandes du cochon tous les légumes du jardin. Et les desserts se composaient traditionnellement d'une brioche boulangère au beurre, jaune tendre, moelleuse à souhait, qui se dégustait avec des fruits au sirop. Il y avait aussi l'éventail savoureux des tartes que recouvraient les fruits de saison, sans oublier dès le printemps la rhubarbe si délicieusement acidulée et coupée en petits cubes recouverts d'œufs battus à la suavité fondante.

Charpenté et musclé en athlète, l'oncle Brun était vers sa cinquantaine un homme d'assez grande taille, dont le corps merveilleusement découplé et solidement conformé respirait la santé, la franchise, la netteté. Des cheveux courts, à peine grisonnants, couronnaient un visage émacié, monastique, où chaque trait saillait vivement, dessinant les fatigues, les rudesses, les soucis de la vie. Un teint durement hâlé et légèrement enluminé de couperose lui donnait un faciès de fellah égyptien. Ce visage qui semblait être taillé dans le même jaspe doré, très doux, à l'aspect de chair humaine, dans lequel l'alternance des traits lisses et rugueux faisait ressortir les yeux en amande brillant de lapis-lazuli et bordés d'un mince sillon comme tracé au khôl, tandis qu'entre le nez arqué et le menton parfait se creusait dans un quartzite sanguin le signe énigmatique de la bouche. Et quand l'oncle Brun se mettait torse nu devant la pierre à eau pour faire sa grande toilette, Pierre ne pouvait qu'admirer la géométrie achevée de son corps, où chaque muscle s'enflait, roulait, s'effaçait, comme sculpté dans une masse minérale vivante que contractait l'arc des tendons et bleuissait le lierre des veines. L'enfant était fasciné par cette beauté physique et il rêvait que si son oncle avait vécu à l'époque des pharaons, il aurait pu se faire statufier et figurer dans une tombe de roi. Mais il lui fallait revenir sur terre car le fellah vôgien venait de l'interpeller avec sa voix sèche et railleuse, ponctuant souvent sa phrase des mêmes ritournelles : « a, e, i, o, u ; turlututu chapeau pointu !... ». Cette pirouette verbale lui permettait de ne pas répondre aux questions qui l'embarrassaient, ou de conclure ainsi l'entretien à son avantage. Alors il partait d'un rire bruyamment à ventre déployé qui le secouait de bas en haut de spasmes, de hoquets, de reniflements, comme s'il se libérait avec volupté d'une angoisse trop longtemps retenue, dans une catharsis irrépressible où se mêlaient ironie et dérision.

Sans l'avoir jamais appris, il avait aussi cette manie de se fabriquer des casquettes dont les visières (qu'il appelait des « bonjours ») étaient plus extravagantes les unes que les autres par leur dimension qui lui donnaient, quand il s'en coiffait, des airs de titi parisien et d'ouvrier en manque de grève, illustrant curieusement la vieille expression alors inusitée : « rompre en visière ». Car, ainsi couronné, il donnait toujours l'impression de vouloir vous attaquer, vous narguer, vous contredire !...

Mais il tenait aussi son « journal », un vieux cahier d'écolier à la couverture cartonnée, sur laquelle apparaissait en filigrane une Marianne qu'il avait affublée de moustaches et de cornes ! Il y notait les moindres détails de sa vie quotidienne : aussi bien le temps qu'il faisait que les scènes de ménage de ses voisins, aussi bien les dates des semis potagers que la durée de ses coliques ou de ses constipations... La tenue de ce journal intriguait Pierre qui ne comprenait pas que son oncle, au demeurant peu lettré, consignait aussi minutieusement, jour après jour et depuis des années, les plus menus événements de sa vie personnelle, ainsi que ceux de son environnement, sinon pour en faire un livre ! Mais là n'était point son intention, car lorsqu'il l'avait questionné sur l'objet et le but de ce journal, il lui avait répondu : « Mon almanach (il ne disait pas journal), c'est mon défouloir, mais c'est aussi ma réserve de papier hygiénique ! Ainsi, tu vois, quand ça me toque, je peux me torcher le derrière avec mon passé. a, e, i, o, u, turlututu chapeau pointu !... » Et de partir de son rire convulsé et cathartique.

C'était que l'oncle Brun était un original, qui posait sur le monde un œil sceptique et critique. Passant son temps à longueur d'année sur les routes du canton à faucher ou à fossoyer, il avait cultivé son indivualisme foncier qui faisait de lui, non un vrai misanthrope, mais un farouche et déterminé pourfendeur de la société : pour lui elle n'était construite que pour permettre aux « gros » d'exploiter les « petits » !

Pierre entrenait les meilleures relations avec son oncle Brun et sa tante Cécile chez qui il était invité à dîner certains dimanches. D'ailleurs au grand dam de la grand'mère qui était possessive, qui couvait son petit-fils et l'eut voulu toujours près d'elle. Cependant, elle laissait l'adolescent libre de son choix, dès lors qu'elle savait où il se trouvait. Ce sentiment possessif de l'aïeule prenait racine dans un véritable amour maternel, qui pouvait apparaître absolu en raison de son caractère autoritaire et entier. Mais jamais Pierre n'eut à en souffrir et il manifestait en toute circonstance à l'endroit de sa grand'-mère affection et respect. Il savait trop bien les soins attentifs et laborieux qu'elle lui donnait, afin, comme elle disait souvent, qu'il ne connût pas la « vie de chien » qu'elle avait vécue et que, par le moyen des études, il devint plus tard un « monsieur » !

Ayant servi de longues années comme cuisinière dans une famille bourgeoise, elle en avait gardé des idées conservatrices qui ne collaient pas avec l'anti-conformisme de son gendre qui, de plus, manifestait dans sa vie quotidienne un comportement parfois étrange et qui choquait la normalité du pays ! N'élevait-il pas pendant la guerre des chats pour se repaître sans vergogne de leur chair délicate, ces chats immolés pour satisfaire sa gourmandise, dont il tannait les fourrures pour s'en faire une couverture de lit ? Il disait aux gens qui critiquaient cette pratique, en somme en infraction avec les usages locaux, que la couverture de peaux de chat était bonne pour ses rhumatismes. Tout comme la graisse de ces « mistigris », comme il les appelait, qu'il faisait fondre et qu'il conservait dans une boîte en fer fermée d'un couvercle : à la manière d'une pommade, il s'en faisait des applications sur le corps à l'endroit de ses douleurs...

Et quand Pierre se délectait à sa table d'un savoureux civet de lapin, était-ce bien du lapin ? Le grand-père lui avait dit : « Regarde bien les côtes. Si elles sont plates, c'est du lapin ; si elles sont rondes, c'est du chat ! » Mais l'oncle Brun, ou la tante Cécile, ne lui servait que des bons morceaux : cuisse, entrecuisse ou râble. Et il ne pouvait rien distinguer de précis dans leur assiette, si bien qu'il n'a jamais pu vérifier s'il mangeait du lapin ou du chat ! En tout état de cause, la cuisine de la tante Cécile était celle d'un véritable cordon-bleu et son civet de lapin (ou de chat) égalait en succulence celui que lui mitonnait la grand'mère...

Le profond malentendu qui régnait entre elle et son gendre tenait à leurs différences de nature, mais aussi au caractère ombrageux de l'aïeule. Si bien que lorsqu'ils se trouvaient en présence l'un de l'autre, un silence pesant, chargé de réprobations refoulées et de rancœurs contenues, s'établissait derechef. Mais cette incompréhension latente, cette animosité informulée, tous ces malentendus, tous ces mutismes ne les empêchaient pas de se fréquenter et de goûter ensemble plusieurs fois par an aux rustiques délices d'une table copieusement et délicieusement garnie. L'oncle Brun ne manquait jamais d'apporter une ou deux bouteilles de son fameux vin d'Algérie, que les convives buvaient avec le fromage ou le dessert. Si bien que le soleil d'Afrique flamboyant dans le capiteux breuvage, s'il alourdissait les têtes, illuminait aussi les cœurs d'une lumière chaude et délivrante, qui déliait les langues et faisait tomber le masque des soupçons et des méfiances. Et l'oncle Brun interpellait gaillardement sa belle-mère, qu'il appelait par son prénom : « Eh bien Mathilde, il était bien bon votre civet ! Il était même si bon qu'on aurait dit du chat, turlututu chapeau pointu !... » Et de partir d'un rire comme un bossu, tandis que la grand'mère, qui n'appréciait pas la plaisanterie, ne répondait pas et se contentait de hausser les épaules avec, dans les yeux, un éclair narquois qui les assombrissait... Mais tout compte fait, s'il aimait par nature à lancer des piques à sa belle-mère, il n'y mettait jamais ni ironie ni méchanceté, car au fond de lui il l'estimait et la respectait.

Petite mais gironde, la tante Cécile avait un corps tout en formes et en rondeurs, une peau laiteuse et mordorée, des yeux grands et profonds, luisant d'éclairs bruns et d'or, qui révélaient un tempérament sanguin, flamboyant, orageux. Une aura de cheveux intensément noirs enveloppait son beau visage ovale aux traits adoucis par l'usure du temps et les rudesses de la vie, son visage aux pommettes bosselées comme une pêche sous lesquelles s'illuminaient les clairières des fossettes, son visage au front haut à peine marqué de rides, au menton rond et plein, son visage rose et hâlé à la pruine neigeuse de poudre de riz, à la bouche qui palpitait comme un papillon charnu lorsqu'éclatait l'aurore de son sourire, radieux de nacre et de vermeil doré.

Fille de la grand'mère, d'un premier lit, elle en avait hérité le même caractère volontaire, énergique et déterminé. Ce qui n'arrangeait pas leurs rapports qui se conjuguaient le plus souvent sur un mode de brusquerie ou de mutisme. Mais avec le temps, elles s'étaient accommodées l'une de l'autre, et aux orages des premiers temps avait succédé l'assoupissement d'une accalmie. Elle n'exerçait aucune activité salariée, tenait sa maison, élevait ses deux fils, cousait, brodait, raccommodait, lisait, jardinait. Ceci était largement suffisant pour remplir les jours, les mois et les années dans ce village voué au bourdonnement d'un labeur de tous les instants, à peine interrompu par le rythme des nuits et des saisons.

Maurice l'aîné de ses deux fils, avait été consacré comme le parrain de Pierre. A la déclaration de guerre, il venait juste d'atteindre sa vingtaine. C'était un beau et grand jeune homme à la complexion robuste et saine. Une couronne de cheveux châtains, fins et ondulés encadrait un visage rond, blême, où brillaient deux yeux clairs, francs et fiers. Il avait hérité du caractère fougueux de sa mère et de l'entêtement farouche de son père. Ce qui pouvait expliquer pourquoi il fut réfractaire au S.T.O. Arrêté par les gendarmes et conduit *manu militari* en pays nazi, il fut interné dans un camp de travail disciplinaire.

Là, malheureusement, son caractère fier et sauvage le fit se rebeller en permanence contre ses gardes-chiourme. Dans des conditions obscures, peut-être un acte de résistance, il fut lâchement assassiné. Il allait bientôt avoir ses vingt-deux ans.

Quand le grand-père à table débouchait une bouteille de piquette et qu'il se servait à boire, souvent un anneau rose se formait à l'intérieur du goulot porté par une bulle d'air irisée, qui éclatait dans l'instant ou perdurait quelques secondes selon l'humeur du destin.

Vite, vite, avant que le fragile et fugace augure ne disparût, Pierre formulait à part soi avec ferveur un vœu sacré, toujours le même : que son beau, doux et fort parrain lui revînt le plus tôt possible d'Allemagne et en bonne santé ! Car tout le monde lui avait caché sa mort. Quand il l'apprit à la Libération, son petit cœur d'enfant de dix ans vacilla et s'endeuilla à jamais de chagrin...

Voyages

Un dimanche chez les Roger

Dès que Pierre eut passé l'âge de raison et que ses petites jambes eurent pris du muscle et de la force, son grand-père maternel l'emmenait avec lui dans ce qu'il appelait ses « voyages ».

C'était une tradition pour lui et comme l'accomplissement d'un devoir impérieux que d'aller chaque année, au printemps, passer un dimanche chez les Roger, plus proches parents de feue sa première femme.

Et c'était pour Pierre l'occasion de découvrir le monde, qui commençait pour lui dès la sortie du village.

Ainsi, par les chemins creux et fleuris du printemps, Pierre et le grand-père allaient cheminer de conserve, pédestrement et gaillardement, prenant le temps de parler à leur guise et de contempler la belle nature qu'ils découvraient sur leur chemin.

C'était par ces matins clairs et purs, tout ruissellant de bleu céleste, qu'ils s'engageaient dès les marches du village dans la sente des Vignes, ce chemin de terre qui descendait abruptement vers la route goudronnée. Dans un semis de pierres aux têtes luisantes, deux ornières parallèles ouvraient dans les herbes folles des gorges profondes.

Pierre s'était endimanché d'un complet deux pièces de confection, veston croisé et culotte courte, coupé dans un tissu rêche et chiné, qu'il avait étrenné pour les fêtes de Pâques, depuis peu écoulées. Une chemise blanche avec cravate assortie, au nœud boudiné, complétait l'ensemble. Aux pieds, de hautes chaussettes de laine et des bottines montantes, plus souples et plus légères pour la marche que les lourds sabots de bois. Quant au grand-père, il portait le costume de son mariage, sombre à rayures claires, dont le pantalon étroit et un peu court était retenu par de larges bretelles. Un gilet, qu'il ne quittait jamais, se boutonnait par-dessus une ample ceinture de flanelle grise, qui lui enserrait la taille et les reins où résidaient, disait-il, sa force et son énergie. Il avait aux pieds ses brodequins de cuir, ceux du dimanche, qui étaient toujours cirés très soigneusement.

Au mitan de la matinée, la campagne s'éveillait, s'agitait, brillait, brûlait, chantait, et la brise blonde et tiède de mai éventait aux quatre coins du ciel la verte odeur de feuilles nouvelles, mariée aux parfums les plus étourdissants des fleurs épanouies, ainsi qu'une rumeur unanime de mille et mille voix exaltées.

En bordure de la sente des Vignes et dans les flancs de la colline qui surplombait la route goudronnée, les haies frissonnaient de branches multipliées, où se dissimulaient tous les secrets des nids et où les cerisiers sauvages faisaient d'énormes bouquets blancs. Le grand-père marchait vite, à petits pas saccadés et nerveux, mais il s'attachait toujours à ne pas aller trop rapidement pour les petites jambes de Pierre, qui gambadait allégrement devant lui dans la gaieté infinie de cet espace champêtre exaltant sa musique étincelante. Pierre sautillait sur la berme moelleuse d'herbes et de simples, qui déroulait son serpentin d'émeraude entre l'asphalte rose et le fossé marécageux et profond, ses yeux y découvrant à chaque tournant, là, parmi les broderies d'argent de l'eau, l'éclat d'or d'une nappe de populages, ici, en rangs serrés, un bataillon de massettes dressant vers le ciel leurs lances pointues brun velouté, ici encore la petite monnaie dorée de la potentille rampante, là-bas, flottant sur l'eau comme un radeau de verdeur, une colonie dense de cresson ponctuée de petites fleurs blanches.

Pierre s'arrêtait toujours au tournant du Bouverot, où une source jaillissait du talus à pic, parmi les joncs et les roseaux, qu'elle habillait d'une gangue calcaire jaunâtre et grumeleuse. Pierre s'y arrêtait, car c'était là que, chaque printemps, il venait avec ses frères retirer de l'eau profonde à l'aide d'une épuisette un bloc compact et gélatineux d'œufs de grenouille, qu'il apportait à son instituteur pour illustrer une leçon de sciences naturelles sur les batraciens. Pour l'heure, les têtards étaient nés et vibrionnaient en un essaim noir dans l'eau trouble et glauque. Le grand-père était obligé de le rappeler, car il ne se lassait jamais d'observer cette vie aquatique si intense et si mystérieuse, qui tant l'intriguait et le fascinait.

Le tournant suivant écornait un bois de taillis et faisait déboucher sur la ferme de Ramberchamp, dont les bâtiments de pierres chapeautés de tuiles se dressaient, rustiques et vétustes, en bordure de la route. Passée la ferme et après avoir avalé un assez long faux plat, on plongeait vers Provenchères, dont les toits rouges rutilaient dans une brume bleutée, d'où jaillissait, fière et splendide, la flèche ardoisée de l'église.

Là se faisait une halte, chez l'aïeule paternelle de Pierre, la grand'mère Lydie, où les voyageurs se désaltéraient d'un verre d'eau, parfois aromatisée de menthe ou de citron. La grand'mère était assise à contre-jour dans le jardin attenant à la maison, où elle tricotait. C'était ainsi que Pierre aimait à la retrouver : son visage rond et hâlé, doux, un peu fripé, ses petites lunettes rondes bas sur le nez et, sous le nœud boursouflé de son chignon, les bandeaux lisses de ses cheveux bruns à peine mouchetés de neige. Les doigts déliés de sa petite main grasse ne cessaient de croiser et d'entrecroiser les deux aiguilles d'ivoire ; la boule de laine sautillait en mesure dans le panier d'osier fin posé à ses pieds.

Quand Pierre et le grand-père arrivaient, elle levait la tête de son ouvrage et disait : « Mais Georges, c'est not'Pierre que vous m'amenez là. Mon Dieu comme il a grandi depuis la dernière fois ! Venez, entrez, asseyez-vous, vous devez avoir soif avec ce soleil déjà chaud, ce coquin de soleil de printemps. Vous ne croyez pas Georges que la saison est en avance ? Les lilas sont déjà presque défleuris. » Et la conversation se poursuivait, tandis que Pierre dégustait sa menthe à l'eau, sur le temps qu'il faisait, qu'il allait faire, sur la lune et l'état des jardins « où les pommes de terres n'étaient pas encore plantées, vu qu'il n'était pas trop tard car la saison les rattraperait... »

Pierre embrassait sa grand'mère sur le front et rejoignait en courant le grand-père qui avait déjà repris la route, car il n'avait pu s'empêcher d'aller faire une caresse aux chèvres qui béguetaient impatiemment au fond de l'écurie. Et Pierre rapportait dans sa main une poignée de cette odeur forte et si particulièrement musquée qui émane de la chèvre. Par jeu, polissonnement, il rattrapait le grand-père et lui ouvrait vivement sous le nez la corolle de sa main, d'où s'échappait l'odeur *sui generis*... Le grand-père avait un haut-le-cœur et, faisant mine de se fâcher, lui disait : « Espèce de cochon, tu vas tâcher de te laver les mains à la première fontaine que l'on rencontrera... », puis il partait d'un bon rire paterne, ajoutant : « Tu voudrais bien, hein, qu'on élève des biques ? » Pierre acquiesçait, car il ne savait pourquoi il aimait ces bêtes aux sabots luisants, aux cornes torsadées et fourchues, aux oreilles toujours en mouvement et aux yeux si tendres, si beaux, si intelligents...

Aussitôt dit, aussitôt fait, Pierre dut se laver les mains dans la première fontaine du village de Viviers-le-Gras, deux kilomètres plus loin. Il le fit avec d'autant plus de plaisir qu'il aimait l'eau, les jeux de l'eau, dans lesquels se mariaient le ciel et le soleil. Il en profita pour asperger le grand-père, qui fit un écart pour éviter les gerbes d'eau en faisant la grosse voix : « T'as pas fini, espèce de garnement ! », avec dans ses bons grands yeux clairs l'étincelle d'un rire intérieur...

« Maintenant, il ne faut pas traîner si l'on veut arriver pour midi chez le Paul Roger. Tu sais que chez lui, midi c'est midi ! Allez, en route mauvaise troupe, si tu ne veux pas passer sous la table !... », cria le grand-père à l'adresse de Pierre, qui s'attardait à la fontaine.

Quatre kilomètres restaient à parcourir et ça montait, ça montait jusqu'à Gignéville où résidait le Paul.

Ces derniers kilomètres furent avalés en un peu plus d'une heure, à une bonne cadence et dans un quasi-silence. Mais en bas du dernier raidillon, Pierre se sentit tout à coup les jambes raides, bloquées, paralysées. Il s'arrêta et alla s'asseoir sur un tas de cailloux en bordure de route. Sa tête lui tournait et son petit cœur battait la chamade dans sa poitrine brûlante. Le grand-père marchait, marchait et il dut l'appeler pour qu'il s'aperçoive de sa brusque fatigue. Il prit Pierre sur ses épaules et c'est ainsi qu'il fit son entrée dans Gignéville. Mais comme les enfants du pays le suivaient et se moquaient de lui, Pierre se fit déposer à terre et tint, par un sursaut de fierté et d'amour-propre, bien que très fatigué, à arriver chez le Paul par ses propres moyens.

Le Paul était un homme d'âge mûr, la cinquantaine peut-être, ce qui pour Pierre était déjà vieux. Grand et bien découplé, il avait un long corps noueux et maigre, robuste et musclé. Il était noir de poil et de peau. Il avait des yeux sombres dans une figure tannée et ridée qu'égayaient quelques taches de couperose aux pommettes et aux ailes du nez. Jaunie de nicotine, une moustache en pinceau, hirsute et argentée de quelques poils blancs, ornait sa bouche lippue et bien dessinée. Il avait vissé en permanence sur la tête une casquette à carreaux, dont les bords lustrés s'empesaient de sueur.

Il accueillit ses visiteurs dans la cour de sa ferme, qui se dressait en retrait de la route, à main droite en direction de Marey, juste avant le grand virage.

C'était une belle bâtisse de pierre, qui faisait corps avec les lieux d'habitation. La porte d'entrée, encadrée majestueusement de ses jambages et de son linteau de grès blanc, s'ouvrait à gauche après quelques degrés d'un escalier, érodé et usé par les ans ; un lourd décrottoir le bordait, où s'amoncelait, jour après jour, la glèbe du terroir. A droite, c'était la porte de l'écurie, encadrée de deux fenêtres, hautes et étroites, par lesquelles s'échappait le hennissement des chevaux et d'où, parfois, on apercevait leurs naseaux fumants et tendrement veloutés. Tout à côté, l'immense porte de grange, comme une bouche de géant pour avaler les voitures de foin et de gerbes. Au-dessus, deux lucarnes et un gros œil-de-bœuf, qui n'étaient jamais fermés, car il fallait laisser les foins respirer.

Dans l'angle nord de la cour, trônait le fumier, doré, carré, imposant, avec sa bonne odeur acide de bêtes en bonne santé et l'or cuivré de sa paille souvent renouvelée !

Entre la porte d'entrée et la fenêtre de la cuisine aux lourds volets craquelés et aux rideaux « bonne femme », s'étageaient sur le mur de chaux les grands bras écartelés d'un poirier tutélaire, dont les fruits ronds et beurrés enchantaient en septembre la gourmandise des guêpes.

La table était dressée dans le poêle qui s'ouvrait à l'arrière de la maison, au fond du long corridor frais et ombreux, où s'alliaient et se mélangeaient, dans le mouvement brusque des portes, de savoureux fumets de cuisine et de piquants effluves d'étable.

Comme elle était belle la grande table ovale préparée pour de rustiques agapes, avec sa nappe blanche damassée, sur laquelle brillaient les assiettes de faïence, les couverts d'argent et les verres taillés ! Un énorme bouquet de lilas en mélange trônait en son milieu dans un vase ventru, où l'eau, le verre et le soleil créaient une vibrante harmonie de cristal et d'or, tandis que les fleurs fraîchement cueillies emplissaient la pièce de leurs violentes et odoriférantes exhalaisons.

Lorsque le père Georges était reçu à dîner chez les Roger, on mettait les petits plats dans les grands ! On appréciait beaucoup qu'il continuât à fréquenter la famille de sa première femme après son veuvage, et bien qu'il fût remarié et déjà grand-père par la fille qu'il avait eue en secondes noces.

Le repas fut servi à midi tapante, à quelques minutes près, en raison de la visite des écuries et des civilités que devaient faire les invités à chacun des membres de la famille de leurs hôtes et qui furent vite expédiées, comme cela se pratiquait à la campagne à cette époque, c'est-à-dire en réduisant au minimum les fricassées de museau.

Après le pâté lorrain, ce superbe et délicieux pâté en croûte fourré de viande de porc mariné, largement arrosé d'un vin d'Alsace sec et fruité (peut-être un riesling ?), une moelleuse et goûteuse poularde de ferme s'en vint titiller les papilles déjà bien émoustillées. On la fit descendre voluptueusement, avec force claquements de langue et cliquetis de couverts, accompagnée d'un chatoyant et vermeil moulin-à-vent. Puis ce fut le civet de lapin aux nouilles et aux morilles, où l'on vit s'enflammer dans les verres et les palais un tannique et puissant morgon.

Dans le brouhaha des conversations, le cliquètement des fourchettes, le choquement des verres et les bruits de déglutition, Pierre ne disait mot : il mangeait, il regardait, il écoutait. Il ne parlait que lorsqu'un adulte lui adressait la parole pour lui demander son avis sur une affirmation ou un jugement concernant les hommes ou les choses. Timide et gêné devant le monde, il hésitait à répondre à son interlocuteur, car il abondait généralement dans son sens. Mais cela le surprenait, car chez lui, à table, jamais le père ou la mère ne lui montrait de la considération en le mêlant, si peu que ce soit, à leur conversation. C'était vrai qu'en ces temps-là, *a fortiori* à la table d'une famille nombreuse, les enfants devaient faire silence. Mais quand même, Pierre se disait à part lui que chez les Roger, les parents parlaient à table à leurs enfants et les faisaient participer à leurs discussions ! Cela l'étonnait, cela l'enchantait et lui colorait le cœur, cela l'encourageait à s'exprimer, à donner son avis quand un adulte le lui demandait. Ainsi, chez les Roger, il pouvait parler, s'extérioriser, dire ce qu'il pensait des choses et des gens, à son niveau, à sa mesure, aussi simplement, aussi librement qu'il le faisait avec le grand-père Georges.

Après les fromages, où les hommes redoublèrent de contentement sur le morgon, qui brillait dans leurs verres et dans leurs yeux, la maîtresse de maison apporta les tartes : tartes aux mirabelles, tartes au sucre, tartes aux prunes, tartes aux brimbelles... Déjà gourmet gourmand, Pierre s'était secrètement réservé pour ces délicieuses pâtisseries, qui avaient sa préférence.

Il engloutit goulûment deux « briques » de tarte aux mirabelles, puis il se jeta sur la tarte aux brimbelles qu'il aimait par-dessus tout. Deux « briques » encore vinrent remplir son petit estomac déjà garni à ras bords.

Il n'attendit pas le café pour s'éclipser avec le Léon, le fils puîné, un grand escogriffe de dix-sept ans, roublard et volubile. Il n'avait pas les yeux dans sa poche, qui brillaient, vifs et malins, dans une face osseuse, hâlée, rieuse. Il avait de grandes mains, des doigts robustes aux jointures puissantes, des mains faites et prédestinées aux rudes et pénibles travaux des champs. Pierre les comparait aux siennes, qui étaient menues et fragiles, avec des doigts courts et potelés ; il savait déjà qu'elles tiendraient mieux un porte-plume qu'un fossoir ou qu'une hache !

Sous la conduite du Léon, qui marchait à grandes enjambées, Pierre se rendit dans une vieille maison à l'entrée du pays ; c'était là que le Léon élevait des cochons d'Inde. C'était la première fois que Pierre voyait des cochons d'Inde. Curieux de tout, follement enthousiaste pour tout ce qui touchait à la nature, mais ne le laissant jamais voir, il fut émerveillé devant ces petites bêtes en cage, qui à la fois ressemblaient et différaient des lapins. Rongeurs comme eux, ils n'avaient cependant pas leurs grandes oreilles ni leurs fourrures soyeuses dont on faisait commerce, mais au contraire de toutes petites oreilles, un corps tout en rondeurs du museau à la queue et un pelage ras, rêche et terne, uniformément à fond blanc, tacheté de roux ou de noir. Leur cri était une espèce de couinement aigu, plaintif, vagissant, qui s'apparentait quelque peu au clapissement du lapin. Ces petites bêtes lui parurent si gentilles et si innocentes, sans malignité et sans défense, qu'il ne pouvait imaginer qu'elles puissent servir, sous le nom de cobayes, à des expériences de laboratoire. Pour l'heure, le Léon ne les élevait pas dans ce but, seulement par délassement et par curiosité ; il apprit à Pierre qu'il n'attendait pas qu'elles meurent de leur belle mort : il les tuait pour les manger, car leur chair était aussi fine que celle des lapins, mais aussi parce qu'à la campagne en ces temps-là, on ne pouvait se permettre d'élever la moindre bête pour le seul plaisir. Pierre le comprenait, mais il ne put endiguer une bouffée de tristesse à la pensée de la mort de ces placides cochons d'Inde, qu'on devait saigner comme ses cousins, les lapins, et qui devaient, tout en se débattant, pousser leurs couinements aigus, stridents, désespérés...

Léon et Pierre en étaient là de leur visite aux cochons d'Inde, lorsqu'ils furent rejoints par le grand-père.

La cravate en bataille, le gilet déboutonné, la face rutilante, les yeux brillants et l'élocution pâteuse, le grand-père était pompette. Mais il gardait sa dignité et sa marche restait raide et rectiligne !

Il dit à Pierre : « Dépêche-toi d'aller dire au revoir. Je t'attends ici. Tu sais, on a encore des kilomètres à faire et il faut rentrer avant la nuit si tu ne veux pas que ta grand'mère s'inquiète... »

L'après-midi était en effet largement avancée. Le soleil dominait encore de quelques toises la ligne des collines vers son couchant, mais il ne tarderait pas à tomber brusquement dans le puits du crépuscule. Alors la nuit étalerait sur la campagne soumise le drap noir de ses ténèbres.

Pierre courut jusqu'à la ferme des Roger et expédia rapidement ses adieux. La maîtresse de maison lui avait préparé un en-cas pour la route : une bonne « brique » de tarte aux myrtilles. Avant les embrassades, on lui fit promettre de revenir ! Pierre promit car il aimait à venir à Gignéville chez ces gens simples, frustes peut-être, mais si chaleureux. Chez eux, il se sentait appartenir à une famille, à une grande famille, et au-delà, à la communauté des hommes. Car avant d'appartenir au monde, il faut être de son village.

Ayant rejoint le grand-père bavardant allégrement avec le Léon, près des clapiers où s'agitaient et nasillaient les cochons d'Inde, Pierre reprit gaiement le chemin du retour.

« Salut Léon ! Salut Pierre ! » Et voilà nos deux voyageurs sur la route goudronnée, où les ferrettes de leurs chaussures ailées composaient, suivant le tempo de leurs pas, un roulement, un crépitement, un cliquètement, d'où, parfois, jaillissait un fulgurant et discret bouquet d'étincelles...

Ayant bien mangé et bien bu, ayant avec cette parentèle par alliance, simple et empressée, évoqué des souvenirs de sa lointaine jeunesse, le grand-père était gai comme un pinson. Et cela se voyait à son visage réjoui, à ses yeux émoustillés et à sa moustache égrillarde. Au naturel, il avait un caractère facile et porté aux joyeusetés et à l'entrain, le vin réjouissait sa bonne humeur et stimulait son esprit. C'était alors un boute-en-train, un « Roger bon temps » ! Les durs travaux des champs, comme les fêtes et les réjouissances, il les vivait avec la même rustique et candide simplicité. A table, il disait toujours, s'adressant à Pierre : « Mange, mon homme, tu ne sais pas qui te mangera !... »

Dans l'air de cet après-midi de mai, rond, tiède et enjoué, c'était comme si le grand-père avait un accordéon dans la tête. Il attendait d'être à quelques lieues du village et se mettait à chanter. Il avait lors l'âme romantique et nostalgique, car il se mit à chanter, à chanter encore et à rechanter, avec des roulades dans la voix, le même quatrain d'une chanson ancienne.

« Puisqu'aujourd'hui, mignonne,
dans les grands bois d'alentour,
tout s'anime et tout rayonne,
ouvre ton cœur à l'amour... »

Et avec lui, Pierre reprenait la chanson d'amour, allègre et douce, qui s'accordait si bien au lieu et à la saison. Mai n'était-il pas le mois des nids et des amours ?

Sans doute pour ne pas montrer son contentement aux villageois, ni sa légère ébriété, il évita de retraverser les villages du voyage aller. Avec Pierre qui, miraculeusement, ne sentait plus sa fatigue, il emprunta au col du Haut-de-Salin l'antique voie romaine jusqu'à ses pénates.

Comme un oiseau de lumière parmi les fleurs, le soleil se posait sur l'horizon de corail et d'or, lorsque les voyageurs regagnèrent leur village.

Une fois en haut de la côte du Haut-de-Forêt, la tulipe toujours épanouie du clocher resplendissait, cristal d'argent, et prenait, dans cette heure pure et paisible qui naissait indolemment, un aspect monumental.

L'odeur de la campagne printanière se faisait plus intense dans cette fraîcheur attiédie de la nuit envahissante. Odeur plus pénétrante et plus languide à la fois, qui s'exhalait de la fleur sans qu'on la vît, fleur et parfum de fleur qui enivraient le corps et l'âme dans l'ombre unanime.

Pierre sentit son âme frissonner, son âme d'enfant, qu'il abandonnait dans la main sensible et rassurante de son grand-père...

La Rochère

De son écriture fine et anguleuse, ornée de boucles et d'arabesques, moulant avec application pleins et déliés, le grand-père avait annoncé son arrivée, accompagné de Pierre, chez son neveu de La Rochère. La plume Sergent-Major, au bec aigu, avait fait craquer les petits carreaux du papier à lettre jauni, qu'elle avait mouillé de mots humides d'encre violette :

B..., le... septembre 1946.

Mon cher Roger,

J'arriverai samedi prochain dans l'après-midi. Pierre sera avec moi. Nous repartirons dimanche après dîner.

Espérant vous trouver tous en bonne santé, je vous embrasse bien fort.

Ton oncle,

Georges.

La lettre était brève et concise, qui ne demandait pas de réponse, car à cette époque les relations entre les proches parents étaient franches et familières, d'autant que le grand-père fréquentait son neveu d'une façon suivie.

Le Roger était contremaître à la verrerie de La Rochère, la dernière en activité dans cette Vôge boisée, qui avait connu dans le passé, au cœur de ses clairières, de nombreuses et prospères verrières. Celles-ci avaient laissé dans ce terroir ancestral des vestiges prestigieux que le temps et la nature dissolvaient et engloutissaient sous des amas de ruines et une végétation forestière vigoureuse, dont les volumes s'estompaient, dont les couleurs pâlissaient, jusqu'à disparaître pour toujours.

De cette fondation d'entreprises, qui avait fait fleurir dans ce grand massif de Vôge une industrie verrière et métallurgique, la verrerie de La Rochère avait, seule, survécu à la débâcle économique du début du siècle, faisant d'elle la doyenne de toutes les verreries françaises.

Depuis quelques jours déjà, Pierre savait qu'il accompagnerait son grand-père dans son voyage à La Rochère. Son aïeul, qui était taquin, lui avait dit : « Est-ce que tu veux venir avec moi à La Rochère chez le Roger ? Tu peux rester tu sais, car la rentrée de l'école n'est pas loin, et tu dois sûrement avoir quelques devoirs à faire !... »

Pierre avait été fort contrarié à la pensée qu'il pourrait ne pas accompagner le grand-père dans son voyage. Il répondit : « Non, Pampi, je n'ai plus de devoirs de vacances à faire, je les ai tous faits !... » Et il était allé chercher en courant son cahier et le lui avait montré. Le grand-père avait fait mine de le regarder très sérieusement, tournant les pages une à une et s'arrêtant longuement sur tel problème de calcul ou sur tel exercice de grammaire, s'offrant même le luxe de lui faire quelques observations. Et, pointant du doigt sur la faute supposée, il avait dit : « Tiens là, tu crois que ta division est juste ? », ou bien : « Est-ce que tu es sûr que charrette prend deux r ?... ». Mais comme il avait bon cœur, il ne pouvait plus longtemps le faire enrager. Finalement, il lui avait dit : « Départ samedi à sept heures. Tâche d'être. prêt. La route sera longue, tu sais, et si tu ne veux pas attraper d'ampoules, tu auras intérêt à mettre tes brodequins usagés !... » Alors Pierre avait sauté de joie, avait lancé en l'air son cahier de vacances, l'avait relancé en le faisant tournoyer au-dessus de sa tête et le rattrapant agilement ; puis, il avait couru jusqu'à la cuisine, où sa mère épluchait des pommes de terre pour le repas de midi, et tout joyeux, s'était écrié : « Maman, maman, je vais à La Rochère avec Pampi !... »

Les jours qui séparaient Pierre du départ furent longs. Il les occupa à de sérieux préparatifs : il avait lui-même sorti du vieux placard les hauts brodequins de cuir, ceux qu'il utilisait pour ses longues marches, les avait nettoyés consciencieusement, vérifiant l'état des semelles et la solidité des lacets ; il avait sorti de la table de nuit le précieux couteau suisse, à lames multiples, cadeau du grand-père, dont le manche noir s'ornait d'une croix blanche dans un écusson rouge, et il en avait minutieusement graissé la bascule ; dans une haie voisine, à l'aide précisément de son schlass, comme il disait, il avait prélevé un surgeon aoûté de noisetier, qu'il avait choisi bien droit, qu'il avait coupé à sa taille et avec lequel il s'était fabriqué un bâton de pèlerin, non sans en avoir décoré le pommeau de figures géométriques.

Les heures, les jours n'avançaient plus, tout comme Pierre errait autour de la maison, traînant son corps vide en se rongeant d'impatience...

Enfin, le grand jour arriva. Levé dès l'aube, Pierre fut prêt bien avant l'heure. Il avait pris un solide petit-déjeuner : un grand bol de Banania, dans lequel il avait trempé avec gourmandise d'épaisses tartines de beurre recouvertes de confiture.

Il n'était pas sept heures quand les deux hommes se mirent en route, après les dernières recommandations de la grand'-mère : « Attention Georges, ne marche pas trop vite, pense aux petites jambes de not'Pierre... Dimanche, tâchez de rentrer avant la nuit. Elle tombe vite et tôt en cette fin septembre... »

Le grand-père n'avait pas oublié la musette, que la grand'mère avait préparée la veille pour la route. Elle y avait mis une belle boule de pain doré, des tranches de jambon fumé, des œufs durs, un fromage et quelques pommes ; et le grand-père l'avait complétée par une bouteille de vin, de l'oberlin, épais et noir, et une fillette de piquette largement allongée d'eau.

Face au midi, l'immense forêt de Darney s'éployait à l'infini, sous un ciel d'un bleu très pur, qui annonçait une blonde et belle journée d'automne.

Une joie paisible illuminait les yeux des deux voyageurs, qui empruntaient le chemin de la Corvée, un raccourci à travers les enclos qui les obligeait à passer les fils barbelés (un fil rond cependant permettait de les franchir sans se blesser), ce qui les faisait arriver directement dans le bas du village, à la croisée des rues de la Voye et de la Tuilerie.

Après avoir salué au passage le père Blanchard et le vieux Deroux, ils s'engagèrent dans la rue de la Tuilerie, qui n'était encore qu'un chemin de terre médiocrement empierré, où se creusaient de profondes ornières. Ce chemin conduisait vers les bois affouagers et la ferme des Granges, mais un embranchement obliquait brusquement à droite vers Bonneval. Pierre vit sur sa gauche les ruines de l'ancienne tuilerie, qui faisaient un énorme amas de pierres chapeauté de tuiles écroulées, dans un enchevêtrement pitoyable de poutres noires. Toute proche, l'eau d'une mare emplissait la glaisière abandonnée, autour de laquelle saules et roseaux dessinaient une couronne végétale épaisse et verdoyante. C'était là que Pierre, avec ses compagnons d'école, venait extraire les matériaux servant aux exercices de modelage ; la glaise rose indigène remplaçait avantageusement la pâte à modeler ! Surpris par l'arrivée de Pierre et du grand-père, un couple de colverts prit vivement son envolée, surgissant d'entre les plumets légers des roseaux, en poussant leur cancanement aigu ; passant au-dessus des marcheurs à faible hauteur, ils mirent le cap sur les mares de la Maideau. Pierre entendit nettement le froissement froufroutant des plumes et eut le temps d'apercevoir l'éclat noir et or de leur œil vif et malicieux.

Le chemin de terre s'ouvrait dans les Pâquis, cloisonnés en rectangles inégaux par les clôtures barbelées des enclos, que de frustes cavaliers de fer clouaient sur d'imputrescibles piquets d'acacia.

La rosée givrait les herbes roussies tout au long des ornières et dans les creux du fossé, desquels jaillissaient les hampes roides des cardères aux ronds capitules déhiscents, où les chardonnerets aux couleurs vives se suspendaient et se régalaient des graines immatures.

Après avoir laissé sur la gauche la source des Pâquis, silencieuse et secrète dans sa conque d'argile et son dais de saules argentés, le chemin malaisé descendait abruptement vers l'orée de la forêt, où les dernières pluies diluviennes avaient creusé de profonds et larges sillons dans la terre gréseuse et fait affleurer l'échine oblongue des roches souterraines.

Franchie la lisière des bois, dont la tête peu à peu se colorait d'une clarté douce et paisible, mais dont les sous-bois se fonçaient d'une obscurité latente, on pénétrait dans la pénombre poignante d'un monde de solitude et de silence où, sous les hautes futaies de chênes et de hêtres, la lumière de l'avant-matin ne pénétrait que par les voûtes aux cintres rameux et ne se diffusait qu'en corpuscules vaporeux, sous la forme d'une brume vibrante et dorée, qui descendait lentement vers le sol, tissant autour des fûts sombres des arbres géants une toile arachnéenne aux fils d'ambre et d'argent.

Chaque fois que Pierre entrait dans cette forêt, il était plus intrigué que rassuré, comme si, sous le couvert secret des frondaisons, son imagination se nourrissait des mystères de cette sylve millénaire, qui exerçait sur son esprit, jusqu'à son âme, une puissance de séduction et de magie, qui le transportait dans un univers autre et différent !... Ses sens et sa conscience s'éveillaient aux merveilles de la haute futaie, dont il venait de franchir le porche enchanté. Quand le grand-père lui parlait, ses paroles lui parvenaient dans un bourdonnement monotone, comme si elles montaient d'outre-terre.

Au pied d'un léger raidillon, une « goutte[1] » suintait sur le chemin, où elle avait déposé une nappe grasse et onctueuse de limon. Dans le fossé comblé, pointaient les lances vertes d'iris des marais, à demi ensevelis.

Puis, c'était la descente raide par un cheminement encaissé et incommode vers le vallon où coulait le ruisseau de Bonneval. Des roches énormes se dressaient de chaque côté, comme des cromlechs aux formes étranges et fantastiques, blocs erratiques déposés là par une mer primitive dans son reflux antédiluvien. Le regard de Pierre s'y accrochait et son imaginaire lui renvoyait toute une mythologie zoomorphe, où les rochers se métamorphosaient et prenaient l'apparence d'animaux étranges, tout droit sortis des contes de son enfance et où les fées et les diables s'affrontaient de toute éternité, comme les forces du bien et du mal...

A la sortie d'un brusque tournant sur la droite, le chemin passait sur le bief d'un ancien moulin seigneurial, qu'un pont romain enjambait et sous lequel coulait comme une huile le torrentueux ruisseau de Bonneval.

1. Source libre et intermittente.

Les ruines du vieux mesnil s'entassaient, pierres sur pierres, que dévoraient orties et ronces, et au milieu desquelles une végétation arbustive reprenait ses droits : vernes, saules, frênes s'en dégageaient, s'entremêlaient, étageant leur ramée pour respecter la hiérarchie que la nature impose aux différentes essences d'arbres.

A la vue de ces ruines désolées, le grand-père évoqua à haute voix, et s'adressant à Pierre, ses souvenirs d'enfance : « Tu vois mon homme, les désignant de la pointe de son lourd bâton de marche, eh bien, juste avant la guerre, alors que je n'étais guère plus grand que toi, je venais là avec mon grand-père Célestin y amener du grain à moudre. Il avait une belle paire de bœufs, le Blondin et le Blanchot, des bêtes magnifiques, qui allaient lentement c'est sûr, mais qui étaient infatigables et qui tiraient de longues journées sans rechigner.»

Et le grand-père d'évoquer le meunier et sa femme, et sa horde de chats, tous tigrés de roux, redoutables pour la gent menue et craints même par leur maître. C'est alors qu'il lui raconta succinctement cette légende, que son grand-père lui avait rapportée dans son enfance. C'était l'histoire d'un garçon meunier, que son maître maltraitait et qui, pour avoir la paix, fit un pacte avec le diable. Mais quand le maître des ténèbres vint le chercher au terme de son contrat, le gros chat tigré de roux de son maître, qui était son ami, prit sa place dans la besace infernale. C'est ainsi qu'il fut sauvé des feux de l'Enfer par l'intervention providentielle de ce chat généreux, lequel fit un tel tapage et un tel carnage dans l'antre du Malin, que celui-ci le réexpédia *illico presto* sur terre. Le garçon meunier s'était marié avec la fille unique du meunier et, à sa mort, il était devenu maître du moulin.

Le meunier qu'il voyait dans son enfance, quand il accompagnait son grand-père, était certainement un descendant de ce garçon meunier, sauvé de la géhenne éternelle par les griffes et les crocs d'un chat légendaire.

Cette histoire marqua profondément la mémoire de Pierre, qui ne la répéta cependant à personne, de peur qu'on se moquât de lui et qu'on le prit pour un rêveur ou un illuminé, tellement elle était incroyable et fantastique !...

Passées les ruines ensorcelées, on débouchait, face au châtelet gaulois, dans une vaste clairière, où l'on découvrait les restes croulants d'un prieuré médiéval et une petite chapelle d'époque contemporaine.

Si Pierre s'intéressait peu à la chapelle moderne, qui abritait Notre-Dame-des-Neiges, y venant chaque année en pélerinage, il attachait davantage ses regards et son esprit aux décombres de l'édifice antique, car d'eux émanaient un mystère et une solennité issant du fond des âges. La solitude et la singularité du lieu les rendaient plus austères et plus captivantes encore.

Il était frappé par ce qu'il en restait, qui permettait de reconstituer, avec un brin d'imagination, son architecture originelle. Ainsi reconnaissait-on le chœur, qui était en partie debout, avec ses deux baies cintrées et étroites, ses trois colonnettes couronnées de leurs chapiteaux finement sculptés, reliées par une frise à moulures. Juste en-dessous était encore visible l'espace concave d'un bassin aux ablutions, orné d'un décor trilobé et garni d'une grosse moulure en cordon. Si la voûte s'était effondrée, le chœur était encore accosté d'une chapelle, dont la voûte en berceau avait résisté aux injures du temps. Au fond des débris de cette chapelle, une porte étroite était encore là, qui semblait vouloir communiquer avec le prieuré.

Côté nord-ouest, et vis-à-vis de la petite chapelle, on remarquait les restes d'une tour ronde, dont les marches d'un escalier tournant avaient été arrachées vers son sommet et qui se dressaient là, dans le vide, semblant conduire vers le néant d'un espace vacant et futile. Entre ces deux vestiges, un amoncellement de pierres et de gravats, où s'enracinaient des broussailles, qui figurait ce qui restait du prieuré médiéval (peut-être du XIIe siècle) aux temps historiques de la splendeur de la foi, dans sa folle expression érémitique.

Entre la chapelle moderne et l'éperon, où se recueillait le camp celtique, une source abondante et limpide coulait sur un lit de sable blanc ; le grand-père et Pierre s'y abreuvèrent, en captant l'eau fraîche dans la coupe de leurs mains.

Quand Pierre reprit le chemin vers Relanges, il avait à la pensée la vie du prieuré, qu'il imaginait dans son état primitif. Il se représentait ces moines solitaires des premiers siècles de la chrétienté, retirés en ces lieux barbares, pour évangéliser les gens qui vivaient dans les villages alentour et s'adonnaient encore au culte païen des divinités locales. Il retrouvait dans cette vie monastique, qui s'accomplissait en un lieu désert, des correspondances nostalgiques avec sa profonde dilection pour la solitude et la contemplation.

Le grand-père dut gentiment le morigéner pour qu'il se détachât de son rêve de pierre et qu'il lui emboîtât le pas.

L'aïeul devant, l'enfant derrière, nos voyageurs marchaient allégrement sur le chemin moelleux, dans un clair-obscur embué de lumière, lorsque surgissait tout à coup dans la boucle du chemin la masse imposante et merveilleusement sculptée de la Belle Roche ou Roche des Douze Apôtres. Posée là, comme un autel de pierre, sous la voûte de verdure aux pleins cintres ligneux, elle faisait vivre dans le minéral la Passion du Christ. La tradition attribuait la paternité de ce chef-d'œuvre de sculpture naïve à un certain Dominique Plancalène, qui l'aurait exécuté au XVIIIe siècle.

Huit heures et demie sonnaient au clocher de la vieille église romane de Relanges lorsque nos deux marcheurs sortirent de la forêt et débouchèrent en haut du pays. Le soleil brutalement leur parut plus brillant et plus chaud, qui leur fit ciller les yeux et qui assécha leur visage légèrement perlé de sueur.

Jugeant sans doute que Pierre était fatigué, le grand-père décida de s'arrêter chez une femme de sa connaissance, qui habitait dans le bas du village une petite maison s'ouvrant directement sur la rue. C'était une grande et belle femme brune, qui pouvait avoir la trentaine, au teint pâle, aux yeux doux et mélancoliques. Veuve depuis plusieurs années, elle élevait seule ses deux filles, à peine plus âgées que Pierre. Sauvage et timide maladivement, toujours gêné devant le monde, celui-ci eut préféré continuer son chemin. Mais le grand-père insista si bien qu'il lui obéit, non sans prendre son air bougon et renfrogné. C'est en se forçant qu'il dit bonjour à la dame et à ses filles, dont la beauté délicate et l'apparente fragilité l'émurent intérieurement. Elles le regardaient lui, l'étranger, avec des yeux à la fois si tendres et si dolents, mais aussi si malicieux, qu'il sentit son cœur fondre et ses jambes se dérober sous lui. S'il n'avait pas été assis, il serait très certainement tombé en pâmoison sur le parquet ! Il n'osait lever les yeux sur les regards qui le dévisageaient, et il ne le fit que lorsque la dame lui servit un diabolo menthe. C'était le choix du grand-père, car il n'était pas en état de choisir lui-même parmi les propositions de boissons qui lui avaient été faites...

C'était la première fois de sa vie qu'il allait boire un diabolo menthe, qui lui avait été servi dans un grand verre, où pétillaient gaiement les bulles de la limonade. Quand il posa ses lèvres sur les bords du verre, une rafale de gouttelettes piquantes lui éclaboussa le visage ; il retira aussitôt ses lèvres, ce qui provoqua le rire pouffé des deux gamines et le sourire bienveillant de la dame. Et le grand-père intervint et dit : « Bois mon homme, ce n'est que des bulles de gaz, il ne faut pas en avoir peur ; tu verras, elles vont danser dans ton estomac et vont t'aider à digérer ton déjeuner. Tu sais, c'est pareil que l'eau de Vichy de la grand'mère... »

Et l'aînée des filles se saisit du verre qu'il avait reposé sur la table, où crépitait une claire émeraude, et, s'approchant du garçon, lui tendit avec un beau sourire : « Tiens, prends et bois, tu verras comme c'est bon... »

Pierre restait là, figé et muet, et il fallut que la gamine lui mit le verre dans la main pour qu'il sortît de son rêve et qu'il commençât à boire le breuvage merveilleux qu'une jeune fée avait fabriqué tout spécialement pour lui. Un vin d'ambroisie, un élixir d'amour, car dès ce moment, il était follement amoureux de cette nymphette à la peau de nacre, aux yeux de cristal et de soleil. Quand elle l'avait approché, il avait frissonné sous le frôlement soyeux de son corps de jouvencelle et une tiédeur suave lui avait pénétré le sang et était remontée jusqu'à son cœur.

Les adultes s'aperçurent du trouble de Pierre. Leurs yeux se croisèrent et leurs lèvres s'éclairèrent d'un bref sourire entendu. Par discrétion sans doute, ils ne dirent mot.

Mais quand le verre profond fut vide, il fallut bien se lever et prendre congé de ses hôtes. Cette fois, Pierre était plus hardi. Il eut même l'audace de prendre la main de sa « fiancée » et de la serrer tendrement ; cela fut fait si vite et si furtivement que personne ne le remarqua ! Il avait l'humeur pimpante et joyeuse lorsqu'il reprit la route avec le grand-père, et il marchait si vite vers Lichecourt que l'aïeul dut le rappeler et lui intimer d'aller plus doucement, car ils n'étaient pas encore arrivés à La Rochère. Il lui dit : « T'as des sacrées pattes mon gaillard. Si c'est les filles qui te font ces effets là, ça promet quand tu seras jeune homme ! Mais ne fais pas trop le gandin, car on n'est pas encore arrivé mon homme, on en est même bien loin et tu devrais te ménager... »

Pierre ne répondit rien, mais comprit l'allusion au gandin et reprit sa marche plus calmement et au rythme du grand-père.

Passée la maison forestière, qui se dressait au cœur d'une clairière dans l'harmonie de sa belle architecture, le château de Lichecourt s'imposa aux regards dès la sortie du bois. En haut de sa butte verdoyante, un escalier de pierre gravissait le talus et débouchait sur une vaste esplanade, où s'ordonnait la noble beauté de sa façade principale. Haute et massive, percée en un ordre strict de fenêtres à petits carreaux, elle était flanquée de deux tours rondes en poivrière. La plus grosse, à main droite lui faisant face, était couronnée de créneaux mâchicoulis. En dessous, le mur était percé d'étroites archères. Sur l'arrière et au nord, la cour était fermée par deux pavillons carrés.

Pierre n'eut guère le loisir d'admirer longtemps l'élégance et la beauté seigneuriales de cette ancienne demeure de gentilshommes verriers, car déjà le chemin plongeait vers Belmont, qui fut traversé rapidement.

Franchie la route départementale de Darney à Monthureux-sur-Saône, Pierre et le grand-père prirent la petite route en direction d'Attigny, laissant sur leur droite le monument franco-tchécoslovaque qui, au sommet de son tertre rayonnant de charmilles, dressait vers le ciel sa vibrante flèche de métal. En contrebas et sur les deux versants abrupts de la vallée de la Saône, Darney entassait ses grosses maisons de pierres, alignées le long de ses rues étroites et moyenâgeuses.

Déjà, le soleil montait sur l'horizon, remplissant l'espace d'une moiteur fruitée et faisant bouillonner d'or pâle la feuillée des arbres, où mûrissaient les prémices de l'automne.

Au loin, dans le scintillement bleuté du ciel, les horizons s'effaçaient et les perspectives s'aplatissaient.

Attigny fut atteint rapidement et dépassé par la rue principale, à la pente vertigineuse ; sur son pont antique, « en dos d'âne », la Saône fut franchie. Au lieu de prendre à droite vers le viaduc de l'Ourche et Claudon, le grand-père traversa la petite route goudronnée et s'enfonça de nouveau sous le couvert de la forêt par un sentier herbeux, qui sinuait paisiblement vers ces sites industriels du verre et du fer, aujourd'hui abandonnés. Le grand-père tenait à montrer à Pierre ces lieux, qui s'échelonnaient sur la haute vallée de l'Ourche et qui, jadis, au temps de sa jeunesse, avaient connu une activité vigoureuse et diversifiée, malgré l'environnement d'une nature hostile et inculte. L'intelligence et le labeur des hommes y avaient construit verreries, moulins, scieries, papeteries, forges, toutes industries servies par des entrepreneurs audacieux, des ingénieurs compétents, des contremaîtres et des ouvriers habiles et courageux.

Ces sites avaient pour noms : Senenne, Droiteval, La Hutte, La Planchotte, Thomas, La Rochère... Mais voilà que cette vallée de l'Ourche, cette belle et sauvage vallée était devenue la vallée du silence, enserrée comme dans un corset étouffant par la forêt, qui cherchait à regagner ses cantons défrichés et son hégémonie perdue lorsqu'elle fut surexploitée...

Et Pierre ne pouvait voir, dans le cours de son cheminement, qu'usines délaissées et muettes, rongées d'abandon et de décrépitude, aux murs moisis d'humidité du côté de l'ombre, aux vitres éclatées, scintillant de toutes leurs facettes micacées et bleuies. Toutes sortes d'outils, accrochés encore sur les murs, abandonnés dans les cours ou jetés dans les coins, crevaient de rouille et de solitude, à moitié ensevelis sous une végétation vorace et rampante où, parmi les orties sifflant contre les façades, brasillaient les derniers insectes, avant que l'automne basculât dans le gouffre blanc et pathétique de l'hiver.

Et Pierre ne pouvait entrapercevoir que machines énormes se consumant de corrosion rubigineuse, que bâtiments éventrés, que tuiles déchiquetées, que poutres désassemblées, que désordres pitoyables, qui se perdaient dans la mélancolie d'un deuil ancien : désordres artisanaux, qui évoluaient au ralenti d'un temps impatient, sur lequel passaient comme une combustion lente la folie des printemps et la fournaise somptuaire des étés.

Dans cette vallée, hantée par les gerbes incandescentes du passé, Pierre rêvait, dans la lente décantation des couleurs, des masses et des ombres, à la résurrection des saisons médiévales, celles que ces lieux avaient connues, où ronflait le souffle rauque des forges, où retentissait le bruit sourd des martinets, où les cheminées altières s'empanachaient de fumée... Et cette eau, partout encagée par la science de l'homme pour qu'elle se métamorphosât en force motrice, cette eau dont le gougeat élevait la vanne qui donnait l'eau à la roue, cette eau en harmonie avec la forêt, elle était partout présente tout près des sites abandonnés, cette eau noire et glauque, où s'étaient noyés les ciels d'antan...

Ces grilles closes, boursouflées d'oxydation, ces portails dressés contre la consternation d'un espace vide et ne s'ouvrant que sur quelques restes calcinés que la vie avait laissés derrière elle en se retirant, ces foyers éteints qui jalonnaient le sillage des siècles défunts, étaient pour Pierre comme les témoins pathétiques, désespérés, corrompus, de la barbarie aveugle de l'existence terrestre.

Pourtant la forêt alentour, qui se perdait à l'infini, mélancolique et sépulcrale, s'obstinait chaque printemps à exhiber ses feuilles vertes et chaque automne à tapisser ses allées de fruits mûrs et d'ors voluptueux.

Quand arriva midi, les deux voyageurs s'arrêtèrent au bord de l'eau dormante d'un étang, pour se restaurer. A l'éclat et à la position du soleil dans le ciel, le grand-père avait deviné d'instinct l'heure médiane de la journée ; ayant regardé sa montre, il constata qu'il ne s'était trompé que de dix minutes, en moins.

Il dit à Pierre : « Tu dois avoir l'estomac dans les talons mon homme, ton déjeuner de ce matin doit être loin... Les kilomètres, ça creuse, on va s'arrêter pour manger... »

Pierre en effet commençait à avoir faim. Son petit estomac criait famine, mais surtout, il avait soif : « J'ai soif Pampi, s'il te plaît... »

Et le grand-père fit glisser la musette sur son ventre, en sortit la fillette de piquette et la lui tendit.

« Merci Pampi... » Le garçon but goulûment au goulot de la bouteille, et il en but presque la moitié, en déglutissant bruyamment. Le grand-père en fit autant, buvant calmement et à petites gorgées afin de reprendre sa respiration, car il commençait à souffrir d'emphysème pulmonaire. Après la dernière goulée, il s'essuya la bouche et les moustaches d'un rapide revers de manche.

Si Pierre avait soif et faim, il n'était pas mécontent de s'arrêter, car ses petites jambes commençaient à se durcir et à lui faire mal, bien que le grand-père calquât en toute circonstance son pas sur le sien.

Assis dans l'herbe, les hôtes de ces bois s'attaquèrent au contenu de la musette. Et les couteaux jaillirent des poches, et les lames claquèrent et scintillèrent au soleil, et la miche déroula ses belles tranches de pain frais, à la mie moelleuse et nacrée, à la croûte dorée et croustillante. Ce pain, pétri et cuit par la grand'mère, sentait la farine fraîche et l'arôme légèrement acidulé du levain. Il entrait en communion et se mariait délicieusement avec le fumet rauque et relevé du jambon, s'harmonisait en touches délicates avec les œufs durs et adoucissait le bouquet suffocant du camembert.

Les dîneurs mangeaient sur le pouce, découpant dans l'épaisse tranche de pain de petits cubes, qu'ils recouvraient de morceaux de jambon et qu'ils engloutissaient ensuite avec délectation et force claquements de langue.

Pierre voyait faire et admirait son grand-père pour l'habileté économe de ses gestes et pour sa patiente lenteur à déguster ses mangeailles. Et chaque fois qu'il portait à la bouche un morceau de pain, accompagné de jambon ou de fromage, il le passait sous son nez et le humait avec une saine jouissance. Et surtout, c'était de belle façon que son couteau tranchait la boule de pain qu'il tenait des deux mains sur la poitrine, où la lame étincelante semblait glisser dans l'épaisseur de la miche, détachant comme en se jouant de beaux chanteaux odorants d'un blanc grumeleux. Il avait posé sa tranche de jambon sur sa tartine de pain, qu'il maintenait avec son pouce et, avec son couteau, tranchant comme un rasoir, il en détachait soigneusement des petits morceaux, découpant ensemble le jambon et le pain.

Encore malhabile, Pierre le regardait faire et essayait de l'imiter, laissant parfois tomber dans l'herbe un morceau de pain ou de viande, que son couteau avait maladroitement détaché.

De même pour boire, il copiait le grand-père qui, d'une seule main se saisissait de la bouteille, la débouchait d'une poussée précise du pouce, puis en portait le goulot à sa bouche, l'appliquant seulement sur sa lèvre supérieure, ménageant ainsi une petite ouverture, qui lui permettait de reprendre son souffle, mais aussi qui facilitait à l'air de pénétrer dans la bouteille au fur et à mesure qu'elle se vidait. Pierre avait encore quelques difficultés pour boire à la bouteille correctement. Pourtant, il s'y appliquait avec beaucoup d'attention, car le grand-père lui avait dit qu'il ne serait pas un homme tant qu'il ne saurait pas boire comme il faut !

Au cours du pique-nique, le grand-père attira l'attention du gamin sur ces grosses bulles d'air qui venaient crever à la sombre surface de l'étang dans un floc étouffé, et qui y faisaient ondoyer d'éphémères cercles concentriques.

« Regarde, Pierre, ce sont sûrement des carpes qui viennent respirer à la surface. » Pour en avoir le cœur net, il avait jeté sur l'étang une poignée de pain, qu'il avait émietté dans ses mains. Le mercure argenté de la surface s'était brisé et s'était étoilé de remous clapotants et fugitifs ; et Pierre avait aperçu, sur le fond noir de l'eau, étinceler et s'éteindre l'or lumineux d'un ventre fuyant. Il avait lui aussi jeté dans l'onde obscure quelques miettes de pain, pour le seul plaisir de voir s'allumer les ventres des carpes gloutonnes.

Repus et abreuvés, nos deux voyageurs levèrent le camp ; et c'est la musette allégée mais l'estomac plein qu'ils reprirent leur marche vers La Rochère, qu'ils atteignirent en début d'après-midi.

Dès leur arrivée dans la cité ouvrière, le grand-père et Pierre furent reconnus par les enfants du Roger, deux garçons d'une douzaine d'années, qui allèrent à leur rencontre et manifestèrent joyeusement leur contentement de les voir en les embrassant. Et c'est accompagnés d'une marmaille grouillante et curieuse qu'ils gagnèrent l'appartement en étage, où les attendaient le Roger et sa femme. L'accueil fut simple et chaleureux. Le café fut servi et, pendant que les hommes goûtaient la mirabelle apportée par le grand-père, Pierre suivit ses cousins, qui l'emmenèrent faire un tour dans la cité.

Il était fortement impressionné par ces hautes bâtisses de pierres, qui s'étiraient sur une longueur phénoménale et dont les portes, s'ouvrant de proche en proche, étaient numérotées. Leur toit de tuiles claires adoucissait à peine l'austérité et la répétition quasi mécanique de leurs éléments d'architecture. Tous les porches, toutes les fenêtres se ressemblaient, sans doute aussi les appartements. Pierre avait du mal à imaginer que derrière toutes ces baies vitrées vivaient des gens. Dans sa tête, il comparait cette cité aux ruches de son père, dont les cadres de cire étaient percés de mille alvéoles, et autour desquelles s'agitait une multitude d'abeilles, comme ici une nuée d'enfants bourdonnait dans les cours, ces enfants hardis et délurés, qui l'entouraient, le questionnaient, l'embarrassaient et le bousculaient, lui, le petit campagnard farouche, gauche et emprunté...

Au cours du souper, à la demande du grand-père, qui souhaitait que Pierre puisse apprendre en toute circonstance (il lui disait souvent : « Il ne faut jamais manquer une occasion pour s'instruire... »), le Roger ne se fit pas prier pour parler de la verrerie de La Rochère, où il avait commencé comme apprenti. D'abord tiseur[1], il y avait occupé à peu près tous les emplois : cueilleur, souffleur, étendeur... Grâce à son intelligence, à son habileté et à son travail, il avait gravi tous les échelons jusqu'au poste de contremaître qu'il occupait aujourd'hui. Quand il prenait la parole sur ce sujet, le Roger était intarissable, et on le sentait très fier de son art et heureux d'en parler.

1. Jeune garçon chargé de l'entretien des fours.

Il expliqua que la verrerie de La Rochère avait été fondée en 1475 par un certain Simon de Thyzac, qui avait installé sa « verrière » sur le rupt de Morte-Eau. Le site choisi remplissait pour l'époque les conditions d'un tel établissement, c'est-à-dire qu'il fallait du bois, en quantité et en qualité (du hêtre et du charme de préférence), des fougères productrices de potasse par combustion, du sable blanc à grain très fin (ou silice), de la chaux et quelques oxydes métalliques. Il fallait également des eaux vives, c'est-à-dire un ruisseau au débit important et régulier, qui fournissait la force motrice ; certains aménagements hydrauliques étaient cependant nécessaires pour en améliorer l'efficience, d'où ces nombreux étangs proches des verrières.

Mais Pierre voulait savoir comment se fabriquait le verre à partir des matériaux que le Roger venait de citer. C'était pour lui un mystère, qui s'apparentait à une alchimie.

Le Roger lui expliqua, sans entrer dans des détails trop techniques qu'il n'aurait peut-être pas compris et qui auraient pu le rebuter, que le verre résultait de la fusion, à très haute température, d'un mélange de produits appelé « composition ». Cette opération s'effectuait dans un four, à l'origine chauffé au bois, mais aujourd'hui au gaz de houille. Ce four s'appelait « four à pots », qui utilisait des creusets (ou pots) comme le faisaient les premiers verriers. Les creusets étaient vidés tous les jours par les « cueilleurs » et aussitôt rechargés de « composition », qui mettait pratiquement vingt-quatre heures pour fondre et pour pouvoir être utilisée. Ceci avait des conséquences sur l'organisation du travail, obligeant à assurer une activité permanente, notamment en ce qui concernait l'entretien des fours.

Mais, beaucoup mieux que des explications, le Roger se proposa de servir de guide, après souper, pour une visite de la verrerie, où l'on comprendrait directement avec les yeux l'art du verre. Pierre fut emballé, et bien que fatigué par sa longue marche, il accompagna avec enthousiasme le grand-père et son neveu, car il était curieux et passionné de voir comment se fabriquait le verre.

L'usine, qui ne se trouvait qu'à une centaine de mètres de la cité, s'ouvrait sur une cour immense, encombrée de gros tas de bois, dont on distinguait à peine les énormes masses dans la pénombre. Le Roger indiqua que ce bois servait à la fabrication du verre semi-industriel : tuiles et pavés de verre.

Au fond de la cour se dressaient les bâtiments de la verrerie proprement dite que dominaient deux hautes cheminées, dont la fumée dessinait sur le ciel nocturne une écharpe de coton gris, qui s'effilochait dans l'air et qui sans cesse se renouvelait. Flanqué de deux petits pavillons carrés d'aspect ancien, la halle principale s'élevait, haute et imposante. Quand Pierre y pénétra, il fut brutalement saisi par une chaleur sèche et suffocante, qui tranchait avec la fraîcheur paisible du dehors. Il y avait là, dans un grand désordre apparent, plusieurs fours qui rougeoyaient intensément, autour desquels s'activaient des ouvriers verriers de l'équipe du soir. Tous ces hommes, nu-tête et légèrement vêtus, évoluaient avec des gestes précis et utiles, sans précipitation ni confusion, chacun accomplissant son œuvre avec l'habileté consommée d'un artiste.

Sous la conduite du Roger, Pierre s'attacha au travail d'un vieil ouvrier verrier, qu'il appelait « le Baptiste ». La soixantaine, sec comme un coup de trique, la peau du visage tannée et ridée, les yeux brillants et profonds, c'était l'un des meilleurs ouvriers de l'usine.

Pierre ne le quitta plus d'une semelle lorsqu'il le vit « cueillir » à la gueule du four rougeoyant, à l'aide de sa longue canne creuse, une fleur de feu, masse de verre fondu, pâteuse et prête pour la paraison, opération consistant à tourner et retourner du verre pâteux au bout d'une canne.

Le verrier, tenant sa canne devant lui à la verticale, lui imprimait un mouvement rotatif imperceptible, la tournait, la retournait, l'inclinait, l'élevait, la faisant osciller... Gonflant ses joues, il soufflait dans l'embouchure de la canne et la masse embryonnaire, informe, aux couleurs d'incarnat, caressée avec art à l'aide d'une fruste pince de fer, s'enflait ou s'amenuisait, se creusait, s'effilait ou se raccourcissait. Et peu à peu, tout en se refroidissant, elle suggérait la forme d'un verre, d'une cruche ou d'un vase, dont les lignes et les proportions se précisaient et se matérialisaient.

Au moyen d'outils rudimentaires, le verrier coupait la masse malléable, posait des jambes ou des pieds, détachait et façonnait des becs ou des anses. Ou bien, la fleur de verre en fusion était déposée dans un moule, où elle prenait en se refroidissant la forme de l'objet désiré.

Ce qui fascinait le plus Pierre, c'était que le verrier puisse avec son simple souffle, la sûreté de son œil, l'habileté de ses gestes et un sens inné des proportions, faire de cette substance ignée et sans contour, un objet fini, parfait, transparent, lumineux et sonore, qui s'irisait dans les rayons du soleil et révélait l'ambre ou la pourpre d'un vin !... Un souffle cristallisé, où le verrier insufflait dans la matière inerte l'air qu'il respirait et remontait de ses entrailles. Ainsi, chaque objet coulé de sa bouche contenait un peu de son souffle, quelques molécules de sa vie...

Quand Pierre quitta la verrerie, la nuit fraîche et sereine étendait sur le hameau l'infini étoilé de ses ténèbres débonnaires, où la lune à son dernier quartier semblait laiteuse et pâle comme une pâte de verre. Et quand il se coucha, il s'endormit sur-le-champ, la tête brûlante comme un four, mais l'âme aussi limpide que du cristal...

Rêveries

Rêveries d'un adolescent solitaire

Par ce dimanche matin de juillet, vert de velours et or mirabelle, Pierre était assis sur l'imposante cime tronquée du grand cerisier. La tête entre les mains, les jambes pendantes, il mûrissait sa solitude comme une longue pensée de lumière.

Le bourdonnement grésillant des guêpes jaunes et noires répondait à sa rêverie et rien ne pouvait nourrir sa méditation que sa méditation. Ni les envolées joyeuses et fleuries des cloches, tantôt proches, tantôt lointaines, qui vibraient dans le ciel de ce matin de fête, comme si tout le firmament était de cristal. Ni la symphonie multiple des oiseaux, qui accrochait des guirlandes sonores aux branches des vergers. Ni dans les lointains la rumeur immense de la forêt à perte de vue, qui se dressait brutalement aux lisières des prairies de claire émeraude.

Pierre, encore adolescent, était une chose au milieu des choses, une âme parmi les âmes ; car il est des saisons où les accords entre les choses et les âmes existent plus fort, à un niveau plus sensible, où l'on entend mieux les mille voix mystérieuses de la nature qui nous entoure et nous enveloppe.

Alors que ses sens s'emplissaient de la plénitude de l'été – ses messages, ses images, ses pensées, ses couleurs, ses mélodies –, il pénétrait et était pénétré par la conscience de notre planète soudain pourvue d'esprit : « l'esprit de la terre ».

Des épiphanies de jardins plantés de cyprès et habités des dieux surgissaient dans la trame subtile de son cerveau, où se mêlaient, tantôt parallèles, tantôt opposés, l'ombre et la lumière, le ciel et la terre, la nuit et le jour, l'aube et le crépuscule, le silence et la parole, l'ignorance et le savoir, l'étamine et le pistil, l'œil et le regard, le fini et l'infini... De la recomposition, des relations de ces éléments saisissables et insaisissables naissait, au travers d'une tremblante géométrie, une musique initiale et initiatique, jusqu'alors dérobée à nos sens et à notre conscience.

Et sur les lèvres de Pierre perlaient des mots doux, fruités, étranges, qu'il eut voulu dissoudre dans l'air, mais pensait-il, toute parole est interruption, violence, ténèbres, déchirure, mort... Tout langage, par sa nature conventionnelle, tissé par la réflexion et l'apprentissage, altère et dérange l'ordre du monde.

Pourtant le désir d'écrire tenaillait Pierre, lui enflait le cœur et démangeait sa main.

Mais pourquoi écrire ? se disait-il.

Pourquoi écrire, s'interrogeait-il intérieurement, sinon pour que les choses du monde deviennent des mots, des mots limités dans l'espace et s'opposant à la munificence de l'illimité ?

Pourquoi écrire, sinon pour que les choses paraissent trouver un sens, pour que leurs mystérieuses combinaisons fassent naître la poésie, qui « écarte les rideaux », à la fin de notre nuit, et rend les couleurs de la lumière à notre vie ? Et Pierre formait dans sa tête, brûlante de fruits et promise de pluies, des poèmes pour dire dans l'instant la beauté du verger qui l'entourait, le possédait, entrait en lui, était lui, conque de verdure où s'accomplissaient les rites sacrés du temple. Le verger qui s'écoulait de lui au fur et à mesure qu'il le traduisait en mots. « C'est une chose horrible de sentir s'écouler tout ce qu'on possède. » Cette phrase de Pascal rappelait douloureusement à Pierre l'écoulement, l'épuisement, l'usure de notre vie spirituelle, qui sont déchéance et réalité.

Plus on écrit, plus le désert s'accroît.

Le temps nous regarde, l'histoire referme les sillons et les plaies et nous pousse vers un Sahara final, vers une mortelle aridité.

Cependant, le désir d'écrire est le plus fort, qui crucifie la chair mais embellit la vie de poésie, qui est, selon Höderlin, « la forme que la vie a prise pour nous parler de plus près. »

Et Pierre pensait qu'il était de son destin d'écrire, destin auquel il ne pourrait jamais échapper, même si cela devait aller à l'encontre de son éducation rigide et rude, qui lui faisait tenir la littérature comme une pratique légère et frivole, tout comme le théâtre, qui ne devait être réservé qu'aux « saltimbanques ».

Dans sa tête et son cœur mêlée, planant au-dessus de son corps, il avait tout à coup la vision violente d'un monde cosmogonique, où tout s'organise, tout s'accorde, tout se répond. Le poète, le sentait-il si haut, participait de cette alchimie minérale du cosmos. S'imposait alors à lui cette phrase de Joë Bousquet : « Souvenez-vous que tous les objets du monde forment des phrases et qu'il nous appartient de délivrer ces phrases. Il faut dégeler l'univers. »

Ainsi, Pierre sentait monter, émerger, grandir le monde du silence de sa conscience, sa conscience pénétrée, tendue de la présence des choses, mettant miraculeusement au monde son être, de la même façon que son corps en mouvement créait l'espace et le temps.

Autour de lui, bruissait une clarté de sensations, s'écartelaient des faisceaux magnétiques, s'exprimaient des visages cristallins. Des mains de velours le prenaient à la gorge et des frissons de menthe glacée piquetaient sa peau.

Pierre s'identifiait avec une telle intensité à l'été, forçait et épaississait cette pensée au point de croire l'aspirer en lui, toute la splendeur, tout l'amour qui fermentent dans la nature, qu'il se sentait tout à la fois fleur, papillon, zéphyr, oiseau, chant, fraîcheur, torpeur, ciel, nuage, volupté, plénitude ivresse, béatitude...

A force de se pénétrer si furieusement de la nature, jusqu'à ce qu'elle forme la substance de sa pensée et le principe de son sang, il ressentait quelque chose comme tout cela, proche sans doute de ce que pouvait éprouver l'homme néolithique, « se sentir passer dans le senti. »

Et Pierre savait dans ces moments privilégiés qu'il ne saurait jamais rien faire d'autre, sinon d'écrire cela même qu'il ressentait.

La nature sera sa demeure : humer l'air, flairer un orage, écouter un oiseau, respirer une fleur, regarder les nuages et le ciel, franchir les haies, boire la rosée.

Plus tard, il entrera dans les buissons, dans les fourrés les plus épais, pour s'introduire dans leur intimité, dans la profondeur végétale inextricable et engageante, pour respirer et s'emplir des sauvages parfums qu'ils dégagent et s'ensevelir dans la substance onirique des feuillages.

La nature sera ses multiples résidences : temples et refuges, jardins et jachères, épiniers et mergers, breuils et halliers, chapelles et grottes, bauges et gîtes, vallons et collines, ruaux et cavernes...

Il fera de la rêverie, en dehors de tous les systèmes qu'il exècre, une façon d'être et de penser, en opposition avec la société contemporaine, qui cultive l'ordre et le rationnel.

Mais déjà, il ne supportait la vie que fluide, poreuse, légère.

Il se rebellait déjà contre les formes, toutes les formes, y compris les formes poétiques, qui contiennent en elles limites et contraintes et disqualifient la rêverie et l'imagination, par essence immédiates, et qui, pour s'exprimer littérairement, ont besoin de fluidité et d'infini : faire frémir chaque feuille du poème par l'encre arrosée d'un tressaillement de joie et de volupté ; laisser une douce eau de pluie pénétrer l'âme des mots ; faire ondoyer et mugir comme une mer d'émeraude les vers parallèles du poème ; répandre le limon aérien de la lumière aux plis infus des verbes liquides...

Pierre se voyait bondir comme un jeune poulain dans le pré de la vie, horizontal, étendu jusqu'à un infini sans obstacle et sans borne, jusqu'à l'ivresse permanente d'une effusion déchaînée.

Il sera un arbre, dont les racines immobiles s'enfoncent dans la terre et dont la cime est la proie des vents du ciel. Terrien et aérien.

Savait-il, ce poète naissant, que sa vie se ferait à l'intersection intangible de carrières sages, à travers ces vallées et ces montagnes glacées de l'Administration ?

Savait-il que le feu qu'il entendait rouler en bouillonnant dans ses veines se calmerait et qu'il lui faudrait l'enfouir au plus profond de son être, dans l'attente d'une tardive éruption ?

Au plein de son recueillement, de sa contemplation, de son ardeur, midi sonna à toute volée au clocher du village. Un léger vent du nord lui emplit brutalement les oreilles de syllabes de bronze. Au sommet du grand cerisier à la cime tronquée, Pierre sursauta et faillit tomber de son perchoir. Près de lui, accroché à une branche par une esse de fer rouillé, pendait un panier à salade : vide !

Il se rappela tout à coup qu'il se trouvait là-haut pour cueillir des cerises à la demande de sa grand'mère, chez qui, chaque dimanche, il déjeunait.

Vite, vite, il se mit à cueillir les énormes bigarreaux, brillants et cordiformes. Pour ne pas perdre de temps, il les cueillit sans les queues. Le panier était à moitié plein, la voix de la grand'mère appela : « Pierre, à table, on mange...»

L'adolescent, avant de descendre du haut cerisier, vit au loin la prairie, la forêt, la ferme des Granges, vibrant et tremblant sous juillet. En-dessous, il vit le verger profond, vert, lumineux, vivant de chatoiements d'ailes et de mélodies d'oiseaux.

Avant de remonter jusqu'à la maison, il emplit ses poumons d'un air doré et tiède, au parfum marié de foin et de giroflée.

Il courut joyeusement jusqu'à la table dressée, se répétant à part soi : « Je serai poète, je serai poète, je serai poète...»

Pierre à la source

Quand, après-dîner, l'air rêche et brûlant de juillet abluait intensément le ciel de sa bleuité franche, crêpelée à l'infini de fins altostratus, et recouvrait les chemins d'une poudreuse poussière blanche, Pierre se rendait par la sente des Vignes à La Fontaine-le-Loup.

Là, au milieu des prés, encerclée par un rideau mouvant de saules argentés, sourdait une source merveilleusement belle et fraîche, lentement, imperceptiblement, irrémissiblement, que l'homme avait encagée à ras de terre dans une auge de pierre, où elle s'étalait en une nappe lisse et scintillante d'apparente eau morte.

Pierre s'asseyait sur ses bords, écrasant sous son poids vaporeux d'adolescent les myosotis pimpants et délicats, qui étincelaient, roses et bleus, comme des regards de nymphes, près des calthas tout ruissellant d'or vif, jaillis d'entre les cœurs d'émeraude sombre de leurs feuilles puissantes et majestueuses.

Il regardait le soleil pénétrer l'eau épaisse et ténébreuse, éclairant et démasquant sa beauté profonde, où se célébraient les noces vert et or de l'onde et du ciel, du cristal et de la lumière, construisant un monde magique aux multiples paysages, qui s'accordaient et s'harmonisaient à l'imaginaire passionné d'un poète en herbe.

Et voici que s'ouvrait la porte de verre de grottes mystérieuses, que tournoyaient des escaliers de mousse, découvrant à l'infini des labyrinthes mythologiques, des jardins voluptueux qu'aurait inventés pour lui seul une jeune et belle fée blonde aux yeux verts, des palais fantastiques, de marbre et de porphyre, s'écroulant dans les ruines nuageuses d'un crépuscule sanguin blessant de ses rayons obliques l'onde mélancolique... L'imagination de Pierre, subtile et féconde, construisait et reconstruisait sans fin, selon le rite conscient ou inconscient de sa rêverie, des tableaux d'utopiques paysages détruits et recréés dans le même instant, retenant dans la trame immense et paisible de cette heure ardente et fugitive de juillet la beauté illusoire de sensations innombrables, enfiévrées, délirantes, ludiques, trésor idéal que le rêve disputait à l'imagination.

A plat ventre dans la verdure odorante, Pierre plongeait ses mains dans le miroir de l'eau, rompant soudainement le charme onirique de sa rêverie, fasciné qu'il était par l'espèce liquide. Puis, il en remplissait la paume de sa main, où scintillait tout à coup un frémissant palais de cristal, de grâce et de fraîcheur, que ses impétueux yeux verts contemplaient émerveillés. Entre les doigts, s'ouvrant comme les pétales d'une fleur, l'eau filait et s'enfuyait et, chaque fois renouvelée, vacillante et cristalline, elle réinventait le même palais de cristal jamais semblable. Et comme les chatoiements de l'onde emprisonnée puis échappée dérobaient aux yeux de Pierre la succession fugace d'images sensibles, son pouls, fluide et doux, se dérobait aux battements de son cœur, plongé qu'il était si profondément dans le bonheur cristallin de l'eau captivante.

Quand il retirait ses mains de l'auge obscure, une forme surgie retombait, anéantie, dans l'épaisseur mouvante de la nappe liquide, une forme surgie comme une âme de cristal moulée aux contours de sa paume, une âme de lumière comme une médaille de soleil qui, au crépuscule, tombe évanouie parmi les fleurs.

Dans cette pénombre fraîche, mobile et dorée, le soleil à son zénith frappait la nuque de Pierre de ses lanières d'or, les ailes d'une brise lourde et molle s'appesantissaient... les ailes... les paupières lourdes et molles... qui se fermaient tout à coup, se rouvraient, s'abattaient, se rouvraient encore et se refermaient dans la torpeur moite et sereine d'un sommeil irrésistible et souverainement bon...

Au loin, derrière la houle moutonnée d'arbres et d'herbes de la colline, les cloches sonnaient les vêpres quand, embaumé de sueur et de rêves, Pierre se réveillait sous les saules. Une brise sèche, exhalant l'odeur fétide de la grande berce, surprenait son réveil, dans le balancement léger et satiné des longues feuilles des doux vieux saules.

Quelle clarté morose, fauve, blafarde, prenait le soleil de fin d'après-midi, quand Pierre s'éveillait près de La Fontaine-le-Loup !

Cette eau morte amassée dans cette auge de pierre, c'était l'image de son cœur, de son cœur d'enfant d'autrefois. Ce cœur d'enfant, merveilleusement empoisonné de solitude et providentiellement fleuri de prodigieuses luxuriances, latentes, immobiles, avides...

Déjà, la méchanceté native des hommes l'avait blessé, ouvrant la digue délivrante d'un sang corrompu, d'un sang purificatoire, d'un sang d'exorcisme... Ce cœur qui était resté aussi pur, aussi clair que cette eau dormante et pourtant bien vivante, ce cœur aussi fluide, aussi doré que cette heure de juillet, plus fluide et plus dorée que toutes les autres heures.

Il arrivait parfois, comme cet après-midi de juillet, qu'une nostalgie ancienne le ramenât à son eau morte du passé, à son eau glauque et solitaire, et l'y abandonnât, éploré, rembruni, répondant aux appels radieux d'un bonheur qu'il se construisait seul et pour lui seul et pour lequel il n'hésitait pas à fuir les hommes...

Le lierre sur le mur

Dans sa solitude d'adolescent sans recours, il advenait à Pierre, quand les beaux jours étalaient dans l'espace leur orfèvrerie de turquoise et d'or, qu'il se réfugiât dans l'épaisseur sombre et onirique d'un lierre monstrueux, qui chapeautait, derrière la petite école communale, l'ancien mur de pierres sèches du château, au plus loin de son emprise occidentale.

Dans ces moments où son esprit était mobilisé par une inconstance rêveuse qui investissait tout son être et en disposait, Pierre adhérait le plus étroitement et le plus amoureusement qui soit à cette perception matérielle, que lui délivraient ses sens au vif et de toutes parts, à la substance fluide de la nature entendue, vue et respirée, qui l'entourait et l'enveloppait.

Il rentrait tout entier dans le buisson de lierre, qui s'ouvrait et s'écartait sous la sauvage poussée de ses bras, s'y enfouissait et s'y perdait. Dans son cheminement du pied de la colline à son sommet, il en découvrait les secrètes arcades, dont les cintres s'alourdissaient de branches et de feuilles, de rameaux et de fleurs. Sous des voûtes obscures, où s'éventaient de rudes et puissants arômes, se consumait l'ivresse vitale d'un air chaud et blond, créant un climat propice à l'effusion d'une rêverie nuageuse et sereine.

Pierre y rampait dans une horizontalité agile et chaleureuse, pénétrant l'impassible et terrible intimité tellurique du mur, qui le reliait par toute la force de ses sensations au monde pressenti des choses, dans lesquelles il tâchait rêveusement de s'installer, d'en pénétrer l'essence même et de s'y fondre. Dans la moiteur viride des épais feuillages, il respirait les sauvages parfums qu'ils recelaient, s'efforçant de se laisser aller dans le courant d'un songe idéal à l'intérieur du monde. Au cœur des feuillages était le cœur de Pierre, qui s'y abandonnait et s'y noyait comme au fond d'un lac d'émeraude, sous le clapotis et les vagues du végétal et les coups de fouet du vent, qui entrouvraient fugitivement les flots de la verdure et découvraient le ciel.

Il entrait dans le bois sacré, où la forme des arbres debout se fluidifiait dans son imagination, se séparait, se divisait, dans une extase moléculaire, mouvante, poreuse, agile, qu'il aspirait délicieusement par tous ses pores. La forêt autour de lui, embrassée sempiternellement de branches et de feuillées, se baignait d'ombres, tournoyant autour d'un âtre de lumière ardente, qui la dissolvait pour la reconstruire à l'infini, dans la permanence de ses fûts droits vers le ciel, de ses racines enfouies sous la terre, des nuages fragiles et éphémères de ses feuilles. Il y voyait passer les printemps : le prodigieux épanchement de la verdeur et l'invasion mugissante et ondoyante de la sève, dans sa vive liquidité animale ; la lumière, qui étalait sur le frémissement des feuilles ses particules douces et bienfaisantes comme un limon aérien ; les ombres, qui s'épandaient comme une nappe de velours aux plis des êtres et des choses, révélant dans le creux des âmes et dans le fond des vallons la présence substantielle de la divinité.

Et il sentait confusément autour de lui, sur sa bouche, dans ses yeux et ses oreilles, dans son cœur et dans son corps, que la matière jouissait d'elle-même, qu'en son sein un être palpitait. Il lui importait peu alors que la vie ait un sens. L'essentiel était pour lui de rechercher ce qu'elle pouvait être, quand il la fondait en lui, de la première goutte à la dernière radicule.

Tout comme une curiosité le poussait à explorer les labyrinthes du lierre, du pied de la colline à son sommet, Pierre s'interrogeait sur le commencement et la finalité des choses, sur le commencement du commencement, sur le fond sans fond d'une origine que, par les efforts de la pensée, il s'efforçait d'imaginer. C'était alors pour lui le loisir de remonter les rayons de la lumière jusqu'au soleil, de suivre le soyeux cheminement de l'eau de la mer à la source ou de débusquer le mystère de la plante dans son germe.

Quant au temps, l'élément le plus retiré de l'engendrement de l'être, ce point de départ de la vie universelle, Pierre ne savait qu'en penser : il en laissait à Dieu la paternité et la transcendance.

Par tous ses sens, la nature ruissellait en lui comme une pluie aux tonalités si douces, si moelleuses, si fruitées, dans laquelle baignait sa rêverie et où s'échangeaient tous les secrets et tous les charmes de la vie.

Quand Pierre quittait ces sentiers imperceptibles, rompant brutalement le tissu de l'ombrage, c'était comme s'il renaissait pour la première fois au ciel et à la lumière.

Le grand lierre primitif, paisible et rassurant, vivait en lui et l'accompagnait des jours entiers, car il préférait sa calme destinée, toute empreinte de simplicité et de sagesse, à celle des hommes, qu'il déplorait. Quand il en sortait, il était recouvert de ses bienfaits, qui ne se retiraient de lui que lentement, à la manière des parfums...

Le chemin de Dombrot

Il est un chemin que Pierre aimait à parcourir le dimanche après dîner, quand le ciel vespéral, brillant et tendre, déroulait sa troublante transparence au-dessus d'une campagne mouvante et inaltérable.

Au-delà du village et des jardins domestiques, il renouvelait chaque année la fraîcheur vagabonde de ses innombrables fleurs sauvages, qui se mêlaient à l'épaisseur verdoyante de l'herbe de sa berme et de ses fossés, repeignait de vert tendre les haies drues et mélodieuses qui accueillaient dans l'intimité de leurs branches embrassées la cohorte emplumée et multicolore des oiseaux.

Les tièdes tourbillons du printemps, avec l'allongement du soleil, échauffaient la terre, qui buvait avidement ses rayons, tandis que la sève dans les racines bougeait et ahanait, puisant dans les réserves d'eau du sous-sol la liquide fraîcheur de leur renaissance.

Et, tous les sens en alerte, aboli de durée et d'espace, Pierre marchait pour lui seul sur ce sentier ouvert de profondes ornières, encaissé entre deux avenues de haies buissonneuses, qui lui masquaient le village, les vergers, les labours, les bois, les prairies. Après avoir dessiné un vaste orbe sur la campagne, le soleil rond, haut dans le ciel pur, irradiait sa lumière blonde et fruitée, qui marbrait d'ombres douces le calme des haies.

Sous les vibrantes arcades de la verdure, Pierre sentait mûrir le secret sentiment de la vie, cette sollicitude nutritive de la sève, qui montait suavement de la glèbe abreuvée d'une rosée dense et pétillante. Ce charme céleste, qui émanait de l'intimité enchevêtrée du sentier, le pénétrait imperceptiblement et s'enfonçait dans les creux les plus éloignés de son être, où se fondaient la bondissante réalité de la nature et son image sublimée.

La poussée végétale multipliait les herbes nouvelles, qui soulevaient puissamment et par endroits, de leurs tiges frêles, d'un vert pâle, l'écorce brune et putrescente des feuilles mortes que les pluies et les neiges n'avaient pu complètement consumer. Dans le bois des branches, frissonnant immobilement à la brise adoucie, parcouru d'haleines, de sucs, de sèves nourricières, sourdait un firmament de bourgeons poisseux, vernis de brun, astres d'un cœur serré de feuilles minuscules, mûries dans l'engourdissement incubateur de l'hiver.

Sous le couvert des haies, où l'ivresse vitale d'un air chaud s'était conservée, une prime feuillaison, légère et transparente, enveloppait les branches d'une jade vaporeuse, finement teintée de gouttes d'or. Et les haies tressaillaient, frissonnaient, ondulaient, sous les caresses effusives de l'air, dont le fervent épanchement déposait le limon vert du végétal, de ramure en ramure, d'arbre en arbre, de hallier en hallier, comme le flux ondoyant d'une mer d'émeraude.

Dans le bas des buissons, des flaques de violettes éclosaient dans l'ombre fluide qui les apâlissait, en exaltant leur arôme suave et pénétrant, dont les particules douces et liquides faisaient frémir de volupté les narines de Pierre, jusqu'à son âme qu'elles pénétraient comme une pluie bienfaisante. Dans les talus en jachère, elles se dissimulaient parmi les herbes sèches et coriaces, protégées des aubes froides, certaines d'un mauve azuré, d'autres de nacre pâle aux calices frottés d'or.

Dès la fin du printemps, quand mai rendait l'air moins dur, moins âpre, et épandait partout sa force moelleuse, mille fleurs sauvages s'ouvraient, une à une, ressuscitant de leur touffe mère : éclatant phosphore des primevères, or beurré des renoncules, pâquerettes d'un blanc neigeux au cœur de miel. Et quand grondait le plein été, se mêlaient aux vagues brunes et blondes des graminées le sang des coquelicots, l'améthyste des cistes, l'ambre des millepertuis et le turquoise violacé de la scabieuse.

Dès la venue de l'aube, comme un affleurement originel hors des limbes de la nuit, montaient dans la lumière triomphante du matin les notes enjouées et cristallines des oiseaux, qui s'enflaient, se précipitaient ou s'apaisaient, s'arrêtaient un instant, reprenaient de plus belle dans une tonalité plus grave, avant de s'élever dans une modulation frénétique, avant d'éclater en trilles, en sifflets ou en roucoulades, et de s'éteindre peu à peu, pour reprendre plus loin dans l'espace attiédi, ouvert comme une conque d'azur et de verdure. Parfois, dans ce concert de chants célestes, un silence subit venait à en rompre le charme, lorsque passait au-dessus des haies l'immense ombre planée d'une buse que ponctuait une voix solitaire. Mais dans l'éloignement du rapace, une à une les voix fragiles reprenaient leur prélude interrompu, d'autres voix s'unissaient à elles, tantôt se heurtant, tantôt se répondant, tantôt se fondant dans une même harmonie, dessinant comme une dentelle sonore, qui se déroulait, pimpante et vibrante, tout au long du chemin.

Parfois, Pierre était surpris quand un geai jaillissait d'un buisson, traversant devant lui le sentier dans l'éclair brun clair de son vol feutré, où brillait le bleu vif, bordé de noir, des miroirs de ses ailes. Son craquètement rauque et dur le faisait toujours tressaillir. Car c'est que le geai, ce beau corvidé de belle taille, sans doute parce qu'il est craintif et poltron, est considéré comme le vigile des taillis et des bois. Le moindre bruit le met en alerte et l'inquiète : une branche qui craque sous la poussée du vent ou le pas d'un promeneur, le froissement d'un hallier traversé par un lièvre ou un sanglier, l'envolée d'un rapace dont les ailes brassent l'air bruyamment. Alors, il s'agite et pousse son vilain cri d'effroi.

Par les trouées entre les haies, qui assuraient la desserte des parcelles, Pierre apercevait, sous un ciel frais et limpide, les champs labourés en bordure du chemin. Les gels et les neiges, les pluies et les dégels avaient ameubli la terre, qui avait été labourée et amendée avant l'hiver. Il y avait là le Pierrot en train de herser. Il marchait à la gauche de deux superbes chevaux de peine, qui tiraient à pas lourds et réguliers les doubles châssis métalliques de la herse. Les tabliers aux souples croisillons, dont les dents solides griffaient la terre grasse, dansaient à la surface des sillons qu'ils émiettaient finement, effaçant les dernières traces des labours, avant que le semoir n'effectuât les semailles de printemps. Une nuée de corbeaux gloutons et braillards s'était abattue sur le champ, suivant à bonne distance la herse, dont les griffures profondes faisaient ressortir vers et insectes, que les oiseaux noirs becquetaient, en se querellant comme des chiffonniers et en faisant entendre leurs croassements graves et plaintifs.

Au plein de son rêve éveillé, Pierre ne vit pas le jeune paysan, qui l'avait aperçu et qui le saluait du bras levé. Trop occupé à s'imprégner de la substance de la campagne qui l'environnait et l'enveloppait, et dont le charme obscur le pénétrait comme une ivresse, comme un rêve, comme un sommeil, il se laissait bercer dans cette aquosité de l'espace, dont il s'abreuvait à perdre haleine. La nappe végétale, sous son dais d'azur, lui dessinait la géographie du paysage, aux teintes si molles, si douces, si colorées, qui se découvrait au fur et à mesure qu'il marchait. Tantôt la nature ruissellait en lui comme une fontaine d'allégresse et ses veines se gonflaient des vibrations de cet univers terrien et aérien qui était le sien. Tantôt il se jetait en elle avec une brusquerie avide, s'y baignait, s'y noyait, emporté par le rythme lent d'une effusion intime, violente, surabondante.

Il se sentait partagé dans le même temps par deux sensations contraires, qui ombrageaient son être d'une poignante mélancolie : calme et ivresse, immobilité et mouvement, nuit et lumière...

Si la clarté dorée du soleil tombant des cieux l'envahissait de chaudes émanations, les ombres des haies lui faisaient éprouver la quiétude et le secret du mûrissement. L'enchevêtrement simultané de ces réalités de la nature lui permettait alors de saisir le sentiment de la vie et de se sentir exister. Tout comme les arbres qu'il voyait se détacher dans la multitude de la haie, qui lui donnaient l'image vivante de l'enbas et de l'enhaut : leurs racines s'enfouissaient dans les profondeurs souterraines de la terre, habitée de sucs nourriciers et de turbulences, tandis que l'ascension de leur tronc mettait en communication avec la paix d'un enhaut et d'un au-delà célestes, où se déclinaient les astres, où se décantaient les nuits, où se métamorphosaient les nuages.

Pierre bondissait dans le chemin, dont la voûte empierrée et herbeuse sonnait et grondait sous ses pas, s'étendait de toutes parts dans l'espace de liberté s'ouvrant dans ses yeux, jusqu'à l'infini rémissible des horizons, qui reculaient sans cesse autour de lui, inaccessibles, impénétrables.

Quand il parvenait au sommet du plateau, où le chemin se perdait comme un oued aux limites du finage, il s'asseyait sur une borne de pierre et, tourné vers le midi, il entrait en contemplation.

De ce promontoire, il plongeait par les sens et par la pensée vers la forêt qui moutonnait au loin et barrait l'horizon, où ses pas l'emportaient et où ses bras se tendaient pour éprouver le tronc des arbres. La forêt abyssale, la forêt de sa conscience, s'engourdissait dans la monotonie sans bornes de son propre mystère. Pierre se résignait d'avance à sa défaite contre les réalités froides de l'univers, car il savait que son emportement sensuel n'aboutissait qu'à un étourdissement, qu'à un éparpillement, qu'à une impotence.

Mais il savait que son être était là depuis son origine, dans cette nature immuable, dans la matière et l'esprit de cette campagne, dans les hommes et les parfums de son village, qui emplissaient ses rêves, bouillonnaient dans son souffle et son sang, mûrissaient dans ses mots.

Amer et doux retour : vents, pluies, nuits, aubes, ruisseaux, forêts, fleurs étouffaient au fil du chemin de Dombrot les paroles mêmes que Pierre formaient dans sa tête pour servir à les comprendre.

Trahie par ses songes, sa voix se dissolvait dans les soupirs de l'air, quand brusquement il atteignait la première maison du village, dont le toit de tuiles claires s'éclairait comme une rose dans ses yeux décillés.

La pomme

Derrière la haute maison de pierres, la brise sèche et parfumée de cet après-midi d'août caressait de ses mains ardentes l'ondulante feuillée du vieux doux verger.

Elle berçait avec délice la sieste de Pierre, couché dans un berceau d'herbes molles, sous le balancement capiteux des arbres, vacillant et oscillant du soleil à l'ombre. Et comme un papillon, elle caressait la fleur de sa peau, tout emperlée d'une rosée de sueur.

Quand Pierre s'éveillait sous l'ombrage du pommier éclairé de pommes de moisson, sa bouche altérée et rêche se languissait de fraîcheur.

Comme ils étaient beaux ces fruits jaunes, qui se cramponnaient par leurs courts pédoncules à la ramure de l'arbre, comme une racine à la terre ! Comme ils éclataient de santé, d'une santé joufflue, fraîche et robuste ! Aucun fruit ne faisait penser, comme ceux-ci, à la pureté de l'eau qui les avait nourris et à l'éclat des jours d'été qui les avait mûris.

Quand Pierre mordait dans une pomme tombée, que l'herbe avait gardée douce et limpide, sa dent rencontrait d'abord sa peau rebelle et dure, puis s'enfonçait dans la pulpe drue et saine, avec ses fibres fines et craquantes, son trésor exquis de nacres juteuses et croquantes, avec la gaze vaporeuse de ses arômes subtils et délicieusement mélangés de sucre et de citronnelle, comme la chair offerte d'une nymphe juvénile.

Comme elle était pleine et ronde, la pomme d'ambre clair aux joues attouchées de roseurs d'aurore, comme elle était savoureuse et avec quelle délectable jouissance les dents de Pierre se perdaient dans cette abondance de chair mûre, joyeuse et blanche !

C'était, pour son palais, une sensation semblable à celle que peut ressentir l'œil noyé dans l'étourdissement multicolore d'un kaléidoscope...

Finie, déjà finie, la pomme transparente aux pépins bruns comme des pupilles de statue grecque dans l'orbite de leurs loges.

Par les trouées entre les arbres, Pierre découvrait les maisons du village, chacune avec un charme bien à elle, et les prés, et les bois, et les lointains... C'était la découverte, chaque fois aussi émouvante, de la partie du village qui n'était pas sienne, dans la plénitude de sa poésie quotidienne.

Le soleil tombait et le pommier du jardin des Hespérides s'embrasait de fruits d'or, auprès des autres arbres dans l'ombre, auprès du grand cerisier à la cime tronquée.

Pommes transparentes, éphémères pommes de moisson du vieux doux verger, joyaux de son blason ! Pommes offertes au soleil écarlate du crépuscule ! Pommes édéniques du verger candide et fécond, rustique et tranquille, dont la feuillée, comme la pensée de Pierre, bien au-delà du soir, retenait le ciel rose...

Le mois des roses

Si juillet était le mois des fraises et des cerises, il était aussi le mois des roses.

Prisonnières attendries entre le fin grillage du jardinet de la grand'mère, elles s'épanouissaient et flamboyaient d'une richesse de couleurs empruntées aux aurores et aux crépuscules des ciels d'été. Roses inflexibles des rosiers tiges, roses buissonnières toutes velues d'étamines, roses anciennes aux corolles d'organdi, roses grimpantes crucifiées sur leurs arceaux de bois.

C'était un plaisir doux à Pierre que de venir musarder par les galeries de l'humble roseraie, où ses yeux s'emplissaient d'une flore du Paradis, où son nez voyageait dans un monde merveilleux de parfums. Il aimait à surprendre avidement la forme et la couleur de chaque fleur, qui se redressait dans l'espace pâmé de chaleur ou inclinait sa tête trop lourde vers la terre ; il aimait à saisir dans chaque tige les tressaillements énergiques de la sève qui l'irriguait. Chaque tige qui s'élevait, altière et pure, vers la perfection de la fleur, corsetée dans son bouton qui, jour après jour, éclatait comme une gorge, s'ouvrait, s'épanouissait, flambait, puis s'abîmait quelques jours plus tard en une syncope de pétales fanés, après avoir arrosé l'espace de ses parfums étourdissants et éphémères. Pour Pierre, chaque rose était un poème, une œuvre d'art, interrompue par une pâmoison passagère, comme les signes d'encre de ses vers balbutiants, éclos au bec de sa plume et qui se consumaient sur la feuille blanche à la manière d'essences végétales.

Dans l'or du premier soleil matinal et le cristal de l'aube buveuse de clartés, l'adolescent aimait à caresser la soie des corolles, tandis qu'il tendait l'oreille vers le souffle imperceptible de la vie qui s'allumait dans l'âtre des pétales. Il frôlait la nervure médiane du bout des doigts, les canaux capillaires, les lèvres aux retroussis charnus et transparents. Il y posait sa bouche voluptueusement, sa langue humide. Ses narines y haletaient. Fermant les yeux, il s'emplissait comme à la fontaine de fraîcheurs et de parfums suaves d'une immatérialité séraphique. L'essence de la fleur l'imprégnait d'une odeur de rose, capiteuse, obstinée, qui avait l'impénétrable charme de la poésie et la grâce magique de la rêverie.

Lorsqu'il en rompait le sortilège, il retrouvait l'humble jardin de roses, qui chaque jour se renouvelait de fleurs multipliées, dans la splendeur d'une floraison continue.

Les roses de la grand'mère « fleuraient la femelle » quand on les respirait les yeux clos, ces fauves effluves de frais entrefessons, cet encens musqué et pénétrant, devant lesquels Pierre blêmissait.

Ce n'était pas par afféterie ni préciosité de poète que l'adolescent romantique voyait s'allumer magnifiquement dans le paysage les roses du jardin, qui semblaient choir du firmament comme si celui-ci se brisait en roses. Leurs couleurs embaumaient ses yeux d'une fragrance brûlante et légère, comme s'écoulant de la terre natale, se souvenant de l'argile originelle et flamboyant au plus haut de juillet.

Dans une géométrie de tonalités interférentielles, le rose virginal se conjuguait avec le coquin violet, le blanc lilial étoilait le rouge voluptueux, le jaune hardi enluminait le sage orangé.

Et quand Pierre quittait l'humble roseraie, ses yeux qu'il ne voyait pas scintillaient vers le ciel d'une constellation de roses.

L'automne

Tout comme Pierre, qui manifestait quelque paresse à sortir de ses draps, le soleil traînaillait derrière l'horizon. Nue et froide, la première bise attisait les doux brasiers d'or clair des arbres, dont les feuilles ne tardaient pas à se mêler aux humus anciens, aux cris enfuis, aux rires disparus...

Sur les quelques rosiers encore en fleurs, le soir tombait, lentement, où les feux des crépuscules embrasaient les dernières roses ; et les jardins, mornes et vides, s'emplissaient des parfums humides et fades de sèves, de fanes et de fleurs corrompues.

Les vignes ruisselaient d'or et de corail, où le soleil vif incendiait l'indigo empourpré de grappes oubliées dans l'entrelacs clairsemé des pampres noirâtres et carminés que Pierre aimait à disputer à la gourmandise et à l'effronterie des grives.

Les hauts peupliers, tout pailletés de jaune encore, s'endeuillaient déjà de leurs oiseaux noirs, sur les berges des ruisseaux, qui regorgeaient d'eaux terreuses et tumultueuses.

Levés tôt, les laboureurs partaient avec leur charrue et leurs lourds chevaux, piaffants et écumants, pour leur tâche paisible et féconde.

Silence, solitude, sarcasme de l'automne, qui ensauvageaient le cœur de Pierre, qui l'affligeaient chaque année d'un deuil nouveau.

Pour répondre au sombre appel que lui lançait l'esprit de cette farouche nature, cause de son chagrin indolent et vague et d'une mélancolie délicieuse et odorante, il allait errer dans la forêt de Bonneval, qui déployait ses vastes ramures au creux d'un vallon blanchi d'histoire, pesant de tout le poids de son passé millénaire.

Pierre s'était éveillé le sang en feu, qui battait à ses tempes et qu'entretenaient les lourdes saccades qui secouaient son cœur.

Sur l'horizon noir, le vent refroidi dispersait les fleurs nacrées des premiers nuages matinaux, qu'il effilochait en traînées floconneuses, dessinant dans le ciel béant une voie lactée de traces sinueuses, blanches et roses. Dans le jardinet, devant la maison grise aux volets écaillés, l'éclat des fleurs chues, dispersées, se plombait, couleur d'ardoise et d'anthracite, et leurs parfums se fanaient dans la détresse aride d'une saison abandonnée : violence la plus franche dans les rayons d'une lumineuse douceur...

Un jour léger, comme toujours, bleuissait les bois lointains. Et Pierre s'interrogeait sur cette bleuissure, qui se confondait avec l'horizon, au-dessus duquel demeurait le bleu du ciel. Hors d'atteinte, impalpable, inabordable. Le bleu du ciel qui le ravissait et l'enchantait. Mais il ne comprenait pas pourquoi la couleur des bois changeait lorsqu'il s'en approchait : le bleu irréel d'une perception éloignée se muait en un diamant aux mille facettes d'émeraude...

Comme il aimait, Pierre, depuis le sommet de sa colline, contempler des heures durant l'horizon bleu moutonnant de forêts, se transportant par la pensée, là-bas, parmi les arbres de splendeur et de haut lignage où, sans faste et sans nostalgie amère, il retrouvait sa solitude bleue, nacrée, orgueilleuse !

Après avoir traversé la plaine des prairies tondues à ras comme un gazon par la dernière recoupe et que les vaches, à l'arrière-saison, avaient pâturée, il s'enfonça parmi les chênes et les hêtres, les trembles et les bouleaux, les frênes et les vernes, dans cette forêt familière, recrue de siècles et rassurante, où il s'abandonna...

Il se sentait empli d'une détresse irrépressible, des parfums embaumants d'une vallée d'exil ; ce n'était ni de douleur, ni de chagrin dont il souffrait, mais cette forêt automnale, hautaine et glacée, pesait dans son corps comme un vibrant charroi de fruits et de branchages arrachés à l'été défunt. Déjà, feuilles et fruits tombaient des arbres, glands et faînes, akènes et samares, qui s'échappaient silencieusement, se laissant porter et emporter par le vent, se dispersaient, s'égrenaient, s'abandonnaient, gisant et s'amassant sur le sol, où couver l'humus fertile des printemps à venir.

Et il semblait à Pierre que son visage se détachait de son corps, que ses yeux quittaient leur orbite, que ses traits s'effeuillaient, que sa bouche se refermait sur un néant noir, où ses sens, ses désirs et ses rêves se dissolvaient et disparaissaient dans les tourbillons du vent. Par ses narines, jusqu'aux creux les plus lointains de son être, la nature exhalait une douceâtre odeur de fleur fanée, d'effeuillaison, où son goût et son espoir de vivre entraient en décomposition.

Il marchait, il marchait tout droit devant lui, dans cette allée moelleuse, bordée d'arbres et de fougères, dont il respirait les fauves émanations. Plus il marchait, plus son corps s'allégeait de ce poids géologique qui l'enserrait. Plus il marchait, plus il lui semblait se mêler et faire corps avec la forêt. Il marchait et il était un arbre. Un arbre qui marchait, dont les racines plongeaient dans cet humus si noir et si tendre, et dont la tête ondulait dans les fredons du vent, trouant le bleu du ciel.

Il entendait dans les lointains et qui se rapprochait, le bourdonnement de voix traînantes, aux inflexions à la fois éplorées, insinuantes et enchanteresses.

Ces voix venaient-elles du fond de sa mémoire ou montaient-elles de l'éclatante réalité de cette clairière, qu'il apercevait maintenant à travers l'arcature des branches, où se dressait, tout près des ruines du prieuré médiéval, la chapelle de Notre-Dame-des-Neiges ?

Mais ces voix, confuses et murmurantes, étaient des voix sourdant du cœur même de la forêt ; et plus il s'approchait de la nef lumineuse, plus ces voix devenaient sonores et séraphiques.

Franchi le vieux pont de pierres, qui enjambait le ruisseau grelottant entre les poings polis de ses galets millénaires, les voix se firent berceuse, plainte, appel, sanglot. Se mêlaient à des voix masculines des voix féminines : voix de cristal, voix argentines, voix suaves. Puis s'élevèrent des lamentos, des gémissements, des clameurs de voix gutturales, profondes, sépulcrales...

Et dans la tête de Pierre, ces voix pénétraient par séquences fondues et étouffées, ces voix fredonnées à l'unisson par les arbres chanteurs de la forêt automnale.

Quand il déboucha dans le chœur de la clairière, le chant polyphonique l'enveloppa, l'emplit et l'engloutit dans ses vapeurs bleues et or, dans l'irréalité tiède et vibrante d'un espace solaire, où il retrouva d'emblée le poids de son corps et la densité de la parole.

Quand ce halo tournoyant de gouttelettes sonores se dissipa, il vit devant lui la chapelle de pierres vertes et, à travers la grille rouillée de sa porte de fer, le sourire vigilant et lumineux de Notre-Dame-des-Neiges.

Tout autour, la forêt refluait avec la majesté d'un océan.

Fragrances rustiques

Il y avait dans la rue Neuve une maison en ruine que Pierre fréquentait solitairement avec délice et qui sollicitait l'appel de ses sens, notamment son odorat si aigu, car cette maison en ruine était un véritable paradis d'odeurs.

C'était derrière une façade en partie debout, un amas chaotique de pierres, de poutres, de tuiles, de gravats, que la terre et le mortier des murs écroulés avait agglomérés. Son fenestrage, vide de vitres et de fenêtres, encadré de jambages et de linteaux de grès blanc, vermiculé de mousses et de lichens, béait, livide et insaisissable, livré aux convulsions des vents, à la voracité des soleils, à l'éclat fébrile des neiges et des frimas. Ces embrasures inhabitées, ces trous vacants, ces ouvertures de solitude déclinaient la misère des choses et de l'existence. De ces fentes hautes et étroites, tombait au travers de nuées sales une clarté morte lorsque le village rassemblé s'enfonçait dans la nuit, mouillé d'une odeur de verdure, avec cette touche paisible du serein crépusculaire suintant des fondements de la terre, envahissant les maisons, gravissant les pentes de la colline, gagnant les vergers, les jardins, sinuant le long des sentiers et des rues.

Une végétation sauvageonne avait depuis des lustres pris possession des lieux, qui y construisait une jungle labyrinthique, inextricable, baignée d'ombre. Pierre y accédait après avoir franchi les barbelés touffus et buissonneux d'une haie de ronces et d'épines, au travers desquels il se coulait à la manière d'une fouine. Il avait d'ailleurs son entrée, qu'il avait façonnée avec son corps, passage après passage, dans l'armure des feuillages et les piques des ronces, comme les chats du quartier et la sauvagine avaient la leur. De l'autre côté, c'était un univers creux et clos, distinct du village, une crypte, silencieuse et obscure, comme une île au milieu du fleuve minéral des maisons. Les jours calmes du plein été, il y avait toujours une rumeur comme le froissement d'une houle éolienne, tiède et lumineuse, respirant au ras des ruines, qu'on aurait cru hantées par le souvenir d'une vie primitive, dont les poutres dressées vers le ciel comme des moignons enracinés dans la glèbe celtique interrogeaient la fuite vers d'invisibles horizons. Parfois, les ombres fantomatiques des nuages éteignaient les sauvages décombres, qui se rallumaient tout à coup dans un crépitement d'insectes et le flamboiement d'une lumière chaude et colorée.

Les couleurs et les sons y étaient différents, qui transportaient Pierre dans une demeure magique, où tous ses sens se nourrissaient d'une plénitude crue, voluptueuse, baroque. Des frissons couraient sur sa peau, ses yeux s'ouvraient comme des flammes avides d'étincelles, ses oreilles s'agrandissaient jusqu'à écouter le moindre fourmillement, le souffle le plus menu. Mais son nez surtout s'épanouissait comme une corolle dans cette atmosphère opulente d'essences, d'arômes, de remugles, d'odeurs...

Dans cette pénombre étrange, ce clair-obscur volatil comme de l'éther, où s'accomplissaient les noces singulières du végétal et du minéral, les narines de Pierre étaient brutalement assaillies par une émanation complexe de renfermé et de moisi, qui d'abord le gênait et le prenait à la gorge. Mais au bout d'un moment, au-delà des pointes âcres de salpêtre et de plâtre qui dominaient, apparaissaient les mofettes putrides des bois pourrissants et l'âpreté obsédante des lichens et des mousses dévorant les pierres de grès. Puis, peu à peu, fines particules éthérées, suintaient par bouffées subtiles que l'air déplaçait sans cesse des essences végétales et florales : violent fumet sulfureux du sureau, dont les fleurs en été empuantissaient le miel fermenté, pestilence tenace de la bourdaine à l'écorce laxative, fusée aromatique, pointue et poivrée de la menthe et de la mélisse, pauvre et banale senteur du vagabond géranium rosat ou purpurin à bec-de-grue. Issue des poutres en décomposition, la fadeur fétide des champignons retroussait le nez de Pierre, qui avait eu la curiosité de s'en approcher. Une fétidité pénétrante, nauséeuse, qu'il trouvait enchanteresse et dont il était imprégné avec une brutalité éphémère, son nez se retirant aussitôt pour se poser sur un autre objet, plante ou décombre.

Amoureuse de la lumière, il y avait, faisant éclater les lourds degrés disjoints du vieil escalier montant de la rue, une trochée de vigoureux saules marsault, croissant et buissonnant à l'envi. Au printemps, leur superbe et spectaculaire floraison attirait les regards de Pierre, enchanté par ses chatons mâles, ovoïdes et gris, qui se hérissaient d'une fourrure d'étamines d'un jaune velouteux, lourdement chargées de pollen et de nectar, que les premières abeilles venaient butiner avec gourmandise et d'où s'exhalaient des parfums suaves de miel nouveau. Les brises attiédies faisaient doucement onduler leurs feuilles ovales et terminées en pointe, portées sur des pétioles rouges et pubescents, vert-gris à leur avers et feutrées d'un duvet blanc à leur face inférieure. Et quand les chatons femelles étaient devenus des fourreaux soyeux et argentés, les capsules de leurs graines prenaient leur envol dans le vent, transportées au loin par leur plumet pelucheux, afin de perpétuer l'espèce.

C'était dans ces ruines merveilleuses par la richesse de leur flore que Pierre avait découvert un jour un pied de datura, solanacée très rare, qui choisit de croître et de fleurir à intervalles de temps très irréguliers et dont toutes les parties sont violemment toxiques ! Au port noble de sa tige, la stramoine, encore dénommée « pomme épineuse » en raison de la forme de ses fruits, mais qui, en réalité, ressemblait bien plus à la bogue de la châtaigne, ajoutait la sombre magnificence de ses grandes feuilles crénelées au limbe d'un profond vert foncé. Ses grosses fleurs blanches ne s'ouvraient que le soir, telles des trompettes campanulées, quand la nuit étalait sur les ruines consentantes son ombelle gigantesque et noire, s'offrant à la fornication des papillons nocturnes qui les fécondaient. Pollen et rosée, maraudés sur les étamines, étaient ensuite déposés par les trompes diaboliques sur les papilles du pistil. De l'androcée au gynécée, c'était un sabbat méphistophélique, où se mêlait aux velours et aux marbres des sphinx crépusculaires l'odeur méphitique des fleurs possédées dans l'ombre.

Pierre savait attendre la descente angoissée et frémissante de l'obscurité, en dépit des obligations domestiques. A peine surgi de la nuit onctueuse des gosiers tubulés, il croyait voir sortir Satan en personne, nu comme le péché originel, brûlant comme la luxure et odieux comme le mensonge, bouc puant et immonde aux sabots fourchus, qui foulait déjà les nues vers le septentrion, où il disparaissait derrière les tours du château, laissant dans le ciel fumer fugacement, comme un feu follet, un sillage démoniaque, violâtre, agile et insaisissable... De quoi faire frissonner et trembler Pierre, qui aimait déjà surprendre dans cette caverne effondrée les balbutiements, les souffles, tout comme les bouillonnements et les emportements d'une nature immergée dans une ébriété nocturne, même si ces instants, surgis des flancs de l'ombre et diabolisés par une imagination véhémente, lui délivraient une épouvante mêlée d'effroi, une volupté dans la terreur ! Même si dans le frémissement de la nuit qui suivait, il revivait en cauchemar la peur éprouvée. Même si au cours de son équipée à nuit close, il se sentait habité d'impressions étranges, qui l'assaillaient de tempêtes et d'ouragans, de ténèbres sauvages et furieuses et qui bouleversaient le calme royaume de sa conscience. Et cette rupture violente de sa paix intérieure, dans la déclivité du crépuscule, l'envahissait d'une angoisse paradoxalement colorée d'un bonheur bouleversant et qui, peu à peu, glissait vers l'ampleur d'un long fleuve d'ivresse...

En quittant le monde souterrain de la maison en ruine, Pierre s'élevait, tranquille et aérien, bien au-dessus de la terre que ses pieds ailés frôlaient à peine et que pourtant il sentait bouillonner et rouler sous lui comme un feu tellurique affranchi de l'espace et du temps.

Comme trahi mais ravi par son rêve orgueilleux, sa tête se perdait dans les étoiles, et sur ses lèvres brûlantes vivaient des mots désarticulés, qui se dissolvaient dans le souffle de la nuit comme la genèse impénétrable d'une harmonie mystérieuse, de l'autre côté de l'être.

Table

Impression et finition
Saint-Paul France S.A.
55000 Bar le Duc
Dépôt initial : avril 2000
Dépôt légal : mars 2001
N° 02-01-0228